KB057726

이집트 아랍 공화국 헌법

دستور جمهورية مصر العربية

명지대학교중동문제연구소
중동국가헌법번역HK총서 11

이집트 아랍 공화국 헌법

دستور جمهورية مصر العربية

명지대학교 중동문제연구소
معهد الدراسات لشؤون الشرق الأوسط

머리말

명지대학교 중동문제연구소는 2010년부터 10년 동안 한국연구재단의 인문한국(HK)지원사업 해외지역연구 사업을 수행하고 있습니다. "현대 중동의 사회변동과 호모이슬라미쿠스: 샤리아 연구와 중동학 토대구축"이란 대주제 하에 종합지역 연구(아젠다), 종합지역정보시스템 구축, 지역전문가 및 학문후속세대 양성, 국내외네트워크 형성 및 협력 강화, 사회적 서비스 사업을 중점적으로 수행하고 있습니다.

이러한 사업의 일환으로 중동문제연구소에서는 현대 중동 국가들의 정체성을 가장 구체적으로, 가장 명료하게 표현해 놓은 중동 국가들의 헌법 원문(아랍어, 페르시아어, 터키어, 히브리어)을 우리 글로 번역 출판하는 작업을 하고 있습니다.

『사우디아라비아 통치기본법』(2013.05.31)을 시작으로 『쿠웨이트 헌법』(2014.04.30), 『아랍에미리트 헌법』(2014.06.30), 『카타르 헌법』(2015.04.30), 『오만 술탄국 기본법』(2015.05.31), 『바레인 헌법』(2016.01.30), 『사우디아라비아 통치기본법(개정판)』
(2016.05.25), 『튀니지 헌법』(2016.05.31), 『알제리 인민민주공화국
헌법』(2017.05.31), 『이란 이슬람공화국 헌법』(2017.06.30), 『모로코
왕국 헌법』(2018.01.20)을 우리말로 옮겨 세상에 내어놓았고, 이번
에는 『이집트 아랍 공화국 헌법』을 번역 출판합니다. 아랍어 원문
의 의미에 가장 가까우면서도 독자들이 가장 잘 이해할 수 있도록
번역하기 위해 언어학자, 정치학자, 종교학자, 변호사가 함께 했습
니다.

　헌법은 한 국가의 정치적 · 경제적 · 사회적 · 문화적 정체성과
그 안에 살고 있는 사람들의 삶의 양태를 가장 포괄적으로 규정하
고 있습니다. 또 헌법이 작동하는 국가에서 살고 있는 사람들은 법
생활뿐 아니라 정치 · 경제 생활에서도 상호공통의 정향성을 형성
합니다. 따라서 한 국가의 정체성을 이해하기 위해서는 해당 국가
의 헌법을 이해하는 것이 가장 기초적이고 중요한 일입니다.

　"나일강의 선물" 이집트는 빛나는 인류문명의 보고로 메소포타
미아와 함께 인류사에서 가장 오래된 문명을 창조한 나라입니다.
피라미드, 스핑크스, 미이라, 파피루스, 상형문자 등 고대 이집트
가 남긴 유무형의 유산은 지금 이 시간에도 전 세계인의 인문적 상
상력을 자극하고 예술로 승화하고 있습니다. 641년 아랍 무슬림으

로부터 이슬람을 받아들인 후로는 이슬람문명사의 주역으로 활약한 나라이기도 합니다. 1952년 나세르가 이끈 무혈 군사쿠데타로 수천 년 이어온 왕정을 무너뜨리고 공화정을 세우며 아랍민족주의 열풍을 불러일으킨 곳이 이집트입니다. 또 2011년, 30년 무바라크 독재정을 시민의 힘으로 끝내고 새로운 희망을 2014년 헌법에 담은 나라가 바로 이집트입니다.

2014년 이집트 아랍 공화국 헌법은 전문과 6장 247조로 이루어져 있습니다. 1장은 국가(1-6조), 2장은 사회의 기본 구성요소(7-50조), 3장은 권리, 자유, 공적 의무(51-93조), 4장은 법주권(94-100조), 5장은 통치시스템(101-221조), 6장은 총칙 및 과도 규정(222-247조)이 규정되어 있습니다. 이 헌법은 기존 2012년 헌법을 개정한 것으로 2014년 1월 국민투표에서 98퍼센트 이상의 찬성표를 받아 선포되었습니다. 이집트 국민들은 주권 국가의 주인으로 혁명 헌법을 만들면서 자신들의 헌법이 어떤 것인지 전문에서 다음과 같이 명확히 밝히고 있습니다. 새로운 2014 헌법은 바로

"모든 세대들의 꿈을 구체화하는 헌법",

"현대 민주 국가와 시민 정부 건설을 완성하는 헌법",

"부패와 독재 앞에 문을 닫고, 과거의 상처를 치유하고, 오랫동안 고통을 당했던 우리 국민들로부터 불의를 걷어 내는 헌법",

"이슬람 샤리아의 원칙들이 입법의 주요 원천이고, 최고헌법재판소 판결의 모음집이 샤리아 해설의 출처를 포함하고 있음을 확신하는 헌법",

"미래의 길을 열고, 세계인권선언과 조화를 이루는 헌법",

"자유를 수호하고, 국가나 국가 통합을 위협하는 모든 것으로부터 국가를 보호하는 헌법",

"아무런 차별 없이 우리의 권리와 의무의 평등을 실현하는 헌법"입니다.

연구진은 이슬람과 그리스도교, 종교적 열망과 세속적 이상이 공존하는 이집트에 민주국가와 시민 정부를 건설하려는 이집트인들의 노력이 꼭 좋은 결실을 맺길 바라는 마음으로 헌법 조문 하나하나를 세심히 살피면서 우리말로 다듬었습니다.

중동문제연구소는 중동연구의 기반 구축 사업의 일환으로 중동주요 국가들의 헌법을 원문에 충실하게 번역하는 우리나라 최초의 연구소입니다. 무슨 일이나 '최초'라는 것은 개척자라는 의미도 있지만 용기와 두려움을 필요로 합니다. 아랍어문학, 정치학, 이슬람학 전공자들이 번역하고, 법 전문가의 감수를 받았음에도 세상에 내놓기에 두려움이 앞섭니다.

강의와 논문 작성 등 교수의 본업을 충실히 하면서도 꾸준히 공동번역과 여러 차례 교정 작업을 했고 법 전문가의 감수를 거쳤습니다. 그럼에도 불구하고 아랍어 자체의 난해함과 언어문화나 언어구조가 우리와 달라 독자 여러분이 읽기에 난해한 부분이 있을 것입니다. 독자들의 애정 어린 평가를 기대합니다.

『이집트 아랍 공화국 헌법』을 번역하여 출판할 수 있도록 재정 지원을 해준 한국연구재단, 번역과 검토 및 수정 작업에 참여한 김종도 교수, 정상률 교수, 임병필 교수, 박현도 교수와 감수를 맡아 꼼꼼히 읽고 평가해 준 김현종, 남혜진 변호사께 감사의 마음을 전합니다.

2018년 5월 19일
명지대학교 중동문제연구소장 이종화

이집트 아랍 공화국 헌법

자비로우시고 자애로우신 알라의 이름으로

이집트는 이집트인들을 위한 나일강의 선물이며, 인류를 위한 이집트인들의 선물이다.

아랍 이집트는 그 위치와 독특한 역사로 인해 전 세계의 중심지가 되었으며, 세계 문명과 문화의 교차점이 되었다. 또한 이집트는 해양 운송과 통신의 교차로가 되었으며, 지중해와 접해 있는 아프리카대륙의 머리에 위치하고 있는, 세계에서 가장 위대한 강 나일의 출구이다.

이것이 이집트이며, 이집트는 이집트인들의 영생불멸의 고향이고 평화의 메시지이며, 모든 이집트인들의 사랑이다.

역사 초기에 인간의 양심이 여명에 빛을 발하고 우리 위대한 선조들의 마음에 선명해져 그들의 훌륭한 의지가 통합되었을 때, 그들은 나일 강변에 최초의 중앙 집권 국가를 건설했고 이집트인들의 삶을 조직적으로 규제했다. 그들

بسم الله الرحمن الرحيم

مصر هبة النيل للمصريين، وهبة المصريين للإنسانية.
مصر العربية – بعبقرية موقعها وتاريخها – قلب العالم
كله، فهي ملتقى حضاراته وثقافاته، ومفترق طرق
مواصلاته البحرية واتصالاته، وهي رأس إفريقيا المطل
على المتوسط، ومصب أعظم أنهارها: النيل.
هذه مصر، وطن خالد للمصريين، ورسالة سلام
ومحبة لكل الشعوب.
في مطلع التاريخ، لاح فجر الضمير الإنساني وتجلى في
قلوب أجدادنا العظام فاتحدت إرادتهم الخيرة، وأسسوا
أول دولة مركزية، ضبطت ونظمت حياة المصريين
على ضفاف النيل، وأبدعوا أروع آيات الحضارة،
وتطلعت قلوبهم إلى السماء قبل أن تعرف الأرض
الأديان السماوية الثلاثة.

은 가장 놀라운 문명의 기적을 창조했고, 세상이 3대 계시 종교를 알기도 전에 그들의 마음은 하늘을 향하였다.

이집트는 종교의 요람이고, 계시종교들의 영광의 깃발이다.

이 땅에서 모세(그에게 평화가 있기를)가 성장했고 알라의 빛이 그에게 나타났으며 시나이산에서 사명이 계시되었다.

이 땅 위에서 이집트인들은 동정녀 마리아와 그녀의 아들을 품에 안았고, 예수(그에게 평화가 있기를)의 교회를 지키기 위해 수 천 명의 순교자를 내어 놓았다.

우리의 주인이며 선지자들의 증표이신 무함마드(그에게 축복과 평화기 있기를)가 고귀한 품행들을 완성하기 위해 전 인류에게 보내졌을 때, 우리들은 이슬람의 빛에 마음과 이성을 열었다. 우리는 알라의 길을 위해 노력하는 지상 최고의 군대가 되었다. 우리는 세계인들에게 진리와 종교의 사명을 보급했다.

이집트는 우리가 살고 있고 우리 안에 살아 있는 조국이다.

مصر مهد الدين، وراية مجد الأديان السماوية.

في أرضها شب كليم الله موسى عليه السلام، وتجلى له النور الإلهى، وتنزلت عليه الرسالة في طور سنين. وعلى أرضها احتضن المصريون السيدة العذراء ووليدها، ثم قدموا آلاف الشهداء دفاعا عن كنيسة السيد المسيح عليه السلام.

وحين بعث خاتم المرسلين سيدنا محمد عليه الصلاة والسلام، للناس كافة، ليتمم مكارم الأخلاق، انفتحت قلوبنا وعقولنا لنور الإسلام، فكنا خير أجناد الأرض جهادا في سبيل الله، ونشرنا رسالة الحق وعلوم الدين في العالمين.

هذه مصر وطن نعيش فيه ويعيش فينا.

현대에 들어 정신이 계몽되고, 인류애가 성숙해졌으며, 국가들과 국민들이 과학의 길에서 자유와 평등의 깃발을 높이 들었다. 무함마드 알리[1]는 국민군대의 기둥 위에 현대 이집트 국가를 건설했고, 아즈하르[2]의 아들인 리파아[3]는 국가가 "이집트의 아이들이 함께 행복한 곳"이 되기를 기원했다. 우리 이집트인들은 발전의 행렬을 따라 잡기 위해 노력했고, 사회 정의 하에서 자유와 인간의 존엄성이 있는 삶을 요구했던 1월 25일-6월 30일 혁명[4]에서 우리의 국민군대가 압도적인 국민의 의지에 승리를 안겨 주고 고국에 독립된 의지를 되돌려 줄 때까지 수많은 광풍들과 봉기들과 혁명들 가운데 순교자들과 희생자들을 배출하였다.

이 혁명은 가장 두드러진 상징들인 아흐마드 우라비,[5] 무스따파 카밀,[6] 무함마드 파리드[7]의 민족 투쟁 행진의 연장이며, 우리 현대 역사의 위대한 두 혁명들의 결정체이다.

وفي العصر الحديث، استنارت العقول، وبلغت الإنسانية رُشدها، وتقدمت أمم وشعوب على طريق العلم، رافعة رايات الحرية والمساواة، وأسس محمد على الدولة المصرية الحديثة، وعمادها جيش وطني، ودعا ابن الأزهر رفاعة أن يكون الوطن ''محلا للسعادة المشتركة بين بنيه''، وجاهدنا — نحن المصريين — للحاق بركب التقدم، وقدمنا الشهداء والتضحيات، في العديد من الهبّات والانتفاضات والثورات، حتى انتصر جيشنا الوطني للإرادة الشعبية الجارفة في ثورة ''٢٥ يناير — ٣٠ يونية'' التي دعت إلى العيش بحرية وكرامة إنسانية تحت ظلال العدالة الاجتماعية، واستعادت للوطن إرادته المستقلة.

هذه الثورة امتداد لمسيرة نضال وطني كان من أبرز رموزه أحمد عرابي، ومصطفى كامل، ومحمد فريد، وتتويج لثورتين عظيمتين في تاريخنا الحديث.

1919년 혁명[8]은 이집트와 이집트인들의 어깨에서 영국의 보호를 제거하였고, 국가 공동체의 자손들 사이에 시민권과 평등의 원칙을 강화시켰으며, 지도자인 사아드 자글룰[9]과 그의 후계자인 무쓰따파 알나하스[10]는 "권력 위에 진리가 있고, 정부 위에 움마가 있다"는 확신을 가지고 민주주의의 길을 걸었다. 혁명의 기간 동안 딸아트 하릅[11]은 국가 경제의 초석을 놓았다.

1952년 7월 23일 혁명[12]은 영원불멸의 지도자 자말 압드 알나씨르(나세르)[13]가 이끌었고, 국민들의 의지가 혁명을 수용하였다. (영국 군대의) 철수와 독립에 대한 여러 세대의 꿈이 실현되었고, 이집트는 아랍 귀속을 공고히 하였으며, 아프리카대륙과 이슬람세계에 개방되었고, 대륙들을 넘어 해방운동들을 지원하였으며, 발전과 사회 정의의 길로 확고히 걸어갔다.

이 혁명은 이집트 민족 혁명의 연장이고, 이집트 국민과 국민 보호에 대한 신뢰와 책임을 지고 있는 국민군대 간의 단단한 결속의 확신이다. 이 혁명 덕분에 우리는 1956년

ثورة ١٩١٩ التي أزاحت الحماية البريطانية عن كاهل مصر والمصريين، وأرست مبدأ المواطنة والمساواة بين أبناء الجماعة الوطنية، وسعى زعيمها سعد زغلول وخليفته مصطفى النحاس على طريق الديمقراطية، مؤكدين أن "الحق فوق القوة، والأمة فوق الحكومة"، ووضع طلعت حرب خلالها حجر الأساس للاقتصاد الوطني.

وثورة "٢٣ يوليو ١٩٥٢" التي قادها الزعيم الخالد جمال عبد الناصر، واحتضنتها الإرادة الشعبية، فتحقق حلم الأجيال في الجلاء والاستقلال، وأكدت مصر انتماءها العربي وانفتحت على قارتها الأفريقية، والعالم الإسلامي، وساندت حركات التحرير عبر القارات، وسارت بخطى ثابتة على طريق التنمية والعدالة الاجتماعية.

هذه الثورة امتداد للمسيرة الثورية للوطنية المصرية، وتوكيد للعروة الوثقي بين الشعب المصري وجيشه الوطني، الذي حمل أمانة ومسئولية حماية الوطن، والتي

세 차례의 침략[14]을 격파하는 우리의 가장 거대한 전투들에서 승리를 거두었고, 10월의 승리는 안와르 알사다트[15] 대통령에게 최근 역사에서 특별한 지위를 부여하였다.

1월 25일-6월 30일 혁명은, 1,000만 명으로 추산되는 대중들이 참가했다는 점에서, 밝은 미래를 열망하는 젊은이들이 탁월한 역할을 했다는 점에서, 민중들이 민족과 인류의 더 넓은 지평선을 향해 계층과 이념을 초월했다는 점에서, 국민군대가 국민의 의지를 보호했다는 점에서, 아즈하르(모스크)와 교회가 이를 축복했다는 점에서 인류 역사의 가장 위대한 혁명들 중 유일하다. 또한 이 혁명은 자유와 사회 정의를 평화적으로 야심차게 함께 실현했다는 점에서 유일하다.

이 혁명은 신호이고 복음이며, 여전히 현재 존재하고 있는 과거를 향한 신호이고, 전 인류가 염원하는 미래에 대한 복음이다.

지금 세계는 동양과 서양, 북방과 남방 간의 이해 상충으로 찢겨진, 계층들과 대중들 간의 분쟁과 전쟁이 불 붙은,

حققنا بفضلها الانتصار في معاركنا الكبرى، من دحر العدوان الثلاثي عام ١٩٥٦، إلى هزيمة الهزيمة بنصر أكتوبر المجيد الذي منح للرئيس أنور السادات مكانة خاصة في تاريخنا القريب.

وثورة ٢٥ يناير– ٣٠ يونيو، فريدة بين الثورات الكبرى في تاريخ الإنسانية، بكثافة المشاركة الشعبية التي قدرت بعشرات الملايين، وبدور بارز لشباب متطلع لمستقبل مشرق، وبتجاوز الجماهير للطبقات والإيديولوجيات نحو أفاق وطنية وإنسانية أكثر رحابة، وبحماية جيش الشعب للإرادة الشعبية وبمباركة الأزهر الشريف والكنيسة الوطنية لها، وهي أيضًا فريدة بسلميتها وبطموحها أن تحقق الحرية والعدالة الاجتماعية معًا.

هذه الثورة إشارة وبشارة، إشارة إلى ماض مازال حاضرًا، وبشارة بمستقبل تتطلع إليه الإنسانية كلها. فالعالم — الآن — يوشك أن يطوي الصفحات الأخيرة من العصر الذي مزقته صراعات المصالح بين الشرق

인류의 생존을 위협하는 위험들이 중대된, 알라가 유산으로 남긴 지상의 생명을 위협하는, 인류가 진실과 정의가 지배하는 새로운 인간 세계를 건설하기 위해 성숙의 시대로부터 지혜의 시대로 옮아 가기를 희망하는, 자유와 인권이 보장되는 시대의 마지막 페이지를 넘기려 한다. 우리 이집트인들은 우리의 혁명에서 인류의 새로운 역사 기록에 공헌하기 위한 귀환을 목도하고 있다.

우리는 과거에서 영감을 얻고 현재를 부흥시키며 미래를 향한 길을 만들 수 있고, 우리는 조국을 부흥시키고 조국은 우리를 부흥시킬 수 있다는 것을 믿는다.

우리는 모든 국민이 안전하게 이 조국 땅에 살 권리가 있고, 모든 국민에게 오늘과 내일의 권리가 있다는 것을 믿는다.

우리는 민주주의가 정치적 다양성과 평화적인 권력 교체의 길이며 미래이며 삶의 방식이라는 것을 믿는다. 우리는 국민에게 스스로의 미래를 만들 권리가 있다는 것을, 국민이 권력의 유일한 원천이라는 것을, 모든 국민에게 자유와

والغرب، وبين الشمال والجنوب، واشتعلت فيه النزاعات والحروب، بين الطبقات والشعوب، وزادت المخاطر التي تهدد الوجود الإنساني، وتهدد الحياة على الأرض التي استخلفنا الله عليها، وتأمل الإنسانية أن تنتقل من عصر الرشد إلى عصر الحكمة، لنبني عالما إنسانيًا جديدًا تسوده الحقيقة والعدل، وتصان فيه الحريات وحقوق الإنسان، ونحن — المصريين — نرى في ثورتنا عودة لإسهامنا في كتابة تاريخ جديد للإنسانية.

نحن نؤمن أننا قادرون أن نستلهم الماضي وأن نستنهض الحاضر، وأن نشق الطريق إلى المستقبل. قادرون أن ننهض بالوطن وينهض بنا.

نحن نؤمن بأن لكل مواطن الحق بالعيش على أرض هذا الوطن في أمن وأمان، وأن لكل مواطن حقًا في يومه وفي غده.

نحن نؤمن بالديمقراطية طريقًا ومستقبلًا وأسلوب حياة، وبالتعددية السياسية، وبالتداول السلمي

인간 존엄성과 사회적 평등의 권리가 있고, 우리와 다가오는 세대에게 주권 국가에서의 주권이 있다는 것을 확신한다.

우리는 지금 개인과 사회의 오늘과 내일의 열망을 실현하는 공정한 국가와 조화롭게 번창하는 사회의 모든 세대들의 꿈을 공고히 하는 헌법을 쓰고 있다.

우리는 지금 현대 민주 국가와 시민 정부 건설을 완성하는 헌법을 쓰고 있다.

우리는 부패와 독재 앞에 문을 닫고, 고대의 순결한 농민들의 시대부터 우리 시대의 과실로 인한 희생자들과 혁명의 순교자들에 이르기까지의 과거 상처를 치유하고, 오랫동안 고통을 당했던 우리 국민들로부터 불의를 걷어 내는 헌법을 쓰고 있다.

우리는 이슬람 샤리아[16]의 원칙들이 입법의 주요 원천이고, 최고헌법재판소 판결의 모음집이 샤리아 해설의 출처를 포함하고 있음을 확신하는 헌법을 쓰고 있다.

للسلطة، ونؤكد على حق الشعب في صنع مستقبله، هو - وحده - مصدر السلطات، الحرية والكرامة الإنسانية والعدالة الاجتماعية حق لكل مواطن، ولنا ولأجيالنا القادمة - السيادة في وطن سيد.

نحن الآن نكتب دستورًا يجسد حلم الأجيال بمجتمع مزدهر متلاحم، ودولة عادلة تحقق طموحات اليوم والغد للفرد والمجتمع.

نحن - الآن - نكتب دستورًا يستكمل بناء دولة ديمقراطية حديثة، حكومتها مدنية.

نكتب دستورًا نغلق به الباب أمام أي فساد وأي استبداد، ونعالج فيه جراح الماضي من زمن الفلاح الفصيح القديم، وحتى ضحايا الإهمال وشهداء الثورة في زماننا، ونرفع الظلم عن شعبنا الذي عاني طويلًا.

نكتب دستورًا. يؤكد أن مبادئ الشريعة الإسلامية المصدر الرئيسي للتشريع، وأن المرجع في تفسيرها هو ما تضمنه مجموع احكام المحكمة الدستورية العليا في ذلك الشأن.[7]

우리는 우리 앞에 미래의 길을 열고, 우리가 작성에 참여하고 동의했던 세계인권선언과 조화를 이루는 헌법을 쓰고 있다.

우리는 자유를 수호하고, 국가나 국가 통합을 위협하는 모든 것으로부터 국가를 보호하는 헌법을 쓰고 있다.

우리는 아무런 차별 없이 우리의 권리와 의무의 평등을 실현하는 헌법을 쓰고 있다.

우리 남·녀 국민들은, 우리 이집트 국민들은 주권 국가의 주인이다. 이것은 우리의 의지이고, 이것은 우리의 혁명 헌법이다.

이것이 우리의 헌법이다.

نكتب دستورًا يفتح أمامنا طريق المستقبل، ويتسق مع الإعلان العالمي لحقوق الإنسان الذي شاركنا في صياغته ووافقنا عليه.

نكتب دستورًا يصون حرياتنا، ويحمي الوطن من كل ما يهدده أو يهدد وحدتنا الوطنية.

نكتب دستورًا يحقق المساواة بيننا في الحقوق والواجبات دون أي تمييز.

نحن المواطنات والمواطنين، نحن الشعب المصري، السيد في الوطن السيد، هذه إرادتنا، وهذا دستور ثورتنا.

هذا دستورنا.

제1장
국가

제1조

이집트 아랍 공화국은 주권을 가진 국가이고, 분할할 수도 그 무엇으로도 포기할 수 없는 통합체이며, (국가) 체제는 국민과 법치를 토대로 하는 민주공화정이다.

이집트 국민은 통합과 통일을 위해 노력하는 아랍 움마[18]의 일부분이고, 이집트는 이슬람세계의 일부분이며, 아프리카대륙에 속하고, 아시아로의 확장을 자랑스럽게 생각하며, 인류문명 건설에 공헌한다.

제2조

이슬람은 국교이고, 아랍어는 공용어이며, 이슬람 샤리아의 원칙들은 입법의 주요 원천이다.

الباب الأول
الدولة

(المادة ١)

جمهورية مصر العربية دولة ذات سيادة، موحدة لا تقبل التجزئة، ولا ينزل عن شيء منها، نظامها جمهوري ديمقراطي، يقوم على أساس المواطنة وسيادة القانون.

الشعب المصري جزء من الأمة العربية يعمل على تكاملها ووحدتها، ومصر جزء من العالم الإسلامي، تنتمي إلى القارة الإفريقية، وتعتز بامتدادها الآسيوي، وتسهم في بناء الحضارة الإنسانية.

(المادة ٢)

الإسلام دين الدولة، واللغة العربية لغتها الرسمية، ومبادئ الشريعة الإسلامية المصدر الرئيسي للتشريع.

제3조

이집트 그리스도교인들과 유대교인들[19]의 법 원칙들은 그들의 개인 신상, 종교적 사안, 정신적 지도자의 선출을 규율하는 법률들의 주요 원천이다.

제4조

주권은 국민에게 있고, 국민이 권력의 원천으로서 주권을 행사하고 보호한다. 국민은 헌법에 명시된 바에 따라 평등, 정의, 모든 국민들 간의 균등한 기회 원칙을 바탕으로 국가 통합을 수호한다.

제5조

정치 체제는 헌법에 명시된 바에 따라 정치와 정당의 다원주의, 평화적인 정권 교체, 권력의 분리와 균형, 책임 정치, 인권과 자유의 존중을 토대로 한다.

(المادة ٣)

مبادئ شرائع المصريين من المسيحيين واليهود المصدر الرئيسي للتشريعات المنظِّمة لأحوالهم الشخصية، وشئونهم الدينية، واختيار قياداتهم الروحية.

(المادة ٤)

السيادة للشعب وحده، يمارسها ويحميها، وهو مصدر السلطات، ويصون وحدته الوطنية التي تقوم على مبادىء المساواة والعدل وتكافؤ الفرص بين جميع المواطنين، وذلك على الوجه المبين في الدستور.

(المادة ٥)

يقوم النظام السياسي على أساس التعددية السياسية والحزبية، والتداول السلمي للسلطة، والفصل بين السلطات والتوازن بينها، وتلازم المسئولية مع السلطة، واحترام حقوق الإنسان وحرياته، على الوجه المبين في الدستور.

제6조

국적은 이집트인 아버지나 이집트인 어머니에게서 태어난 사람에게 속하는 권리이고, 이에 대한 법적 인정과 인적 사항을 증명하는 공식적인 서류를 제공하는 것은 법률이 보장하고 규정하는 권리이다.

국적 취득의 조건은 법률로 정한다.

(المادة ٦)

الجنسية حق لمن يولد لأب مصري أو لأم مصرية، والاعتراف القانوني به ومنحه أوراقًا رسمية تثبت بياناته الشخصية، حق يكفله القانون وينظمه.

ويحدد القانون شروط اكتساب الجنسية.

제2장
사회의 기본 구성요소

제1절
사회 구성요소

제7조

아즈하르는 학문적이고 독립적인 이슬람 기구로서 관련
업무를 수행함에 있어 배타적인 권한을 갖는다. 아즈하르
는 종교학과 이슬람 사안들을 담당하는 주 기관으로서 이
집트와 세계에서의 선교, 종교학 및 아랍어의 보급과 확산
을 책임지고 있다.

국가는 이러한 목적을 실현하기 위해 충분한 재정을 지원
해야 한다.

아즈하르의 (그랜드)셰이크는 해고될 수 없는 독립체이며,
고위 울라마[20] 위원회의 위원들 중에서 셰이크[21]를 선출하

الباب الثاني
المقومات الأساسية للمجتمع

الفصل الأول
المقومات الاجتماعية

(المادة ٧)

الأزهر الشريف هيئة إسلامية علمية مستقلة، يختص دون غيره بالقيام على كافة شئونه، وهو المرجع الأساسي في العلوم الدينية والشئون الإسلامية، ويتولى مسئولية الدعوة ونشر علوم الدين واللغة العربية في مصر والعالم.

وتلتزم الدولة بتوفير الاعتمادات المالية الكافية لتحقيق أغراضه.

وشيخ الأزهر مستقل غير قابل للعزل، وينظم القانون طريقة اختياره من بين أعضاء هيئة كبار العلماء.

는 방식은 법률로 정한다.

제8조

사회는 사회적 연대를 기초로 한다.

국가는 법률이 정하는 바에 따라 모든 국민의 고귀한 삶을 보장하고, 사회정의의 실현과 사회보장 방식을 제공해야 한다.

제9조

국가는 모든 국민들 간의 차별 없는 기회 균등을 실현해야 한다.

제10조

가족은 사회의 기초이고, 가족의 토대는 종교·도덕·애국심이다. 국가는 가족의 결집과 안정, 그 가치의 강화를 보호해야 한다.

(المادة ٨)

يقوم المجتمع على التضامن الاجتماعي.

وتلتزم الدولة بتحقيق العدالة الاجتماعية وتوفير سبل التكافل الاجتماعي، بما يضمن الحياة الكريمة لجميع المواطنين، على النحو الذي ينظمه القانون.

(المادة ٩)

تلتزم الدولة بتحقيق تكافؤ الفرص بين جميع المواطنين، دون تمييز.

(المادة ١٠)

الأسرة أساس المجتمع، قوامها الدين والأخلاق والوطنية، وتحرص الدولة على تماسكها واستقرارها وترسيخ قيمها.

제11조

국가는 헌법에 따라 모든 시민적 · 정치적 · 경제적 · 사회적 · 문화적 권리에서 남녀 간의 평등 실현을 보장해야 한다.

국가는 법률이 정하는 바에 따라 의회에서 여성의 대표권을 적절히 보장하는 효과적인 수단을 채택하기 위해 노력해야 한다. 여성이 아무런 차별없이 국가의 공무직, 고위행정직, 사법 기구 및 기관들의 임명직을 맡을 수 있도록 보장해야 한다. 국가는 모든 형태의 폭력에 맞서 여성을 보호해야 하며, 여성이 가족에 대한 의무와 직업상 의무 사이에서 조화를 이룰 수 있도록 보장해야 한다.

또한 국가는 모성, 어린이, 여성 가장, 노인, 도움이 절대적으로 필요한 여성에 대한 배려와 보호를 제공해야 한다.

(المادة ١١)

تكفل الدولة تحقيق المساواة بين المرأة والرجل في جميع الحقوق المدنية والسياسية والاقتصادية والاجتماعية والثقافية وفقا لأحكام الدستور.

وتعمل الدولة على اتخاذ التدابير الكفيلة بضمان تمثيل المرأة تمثيلًا مناسبًا في المجالس النيابية، على النحو الذي يحدده القانون، كما تكفل للمرأة حقها في تولي الوظائف العامة ووظائف الإدارة العليا في الدولة والتعيين في الجهات والهيئات القضائية، دون تمييز ضدها.

وتلتزم الدولة بحماية المرأة ضد كل أشكال العنف، وتكفل تمكين المرأة من التوفيق بين واجبات الأسرة ومتطلبات العمل.

كما تلتزم بتوفير الرعاية والحماية للأمومة والطفولة والمرأة المعيلة والمسنة والنساء الأشد احتياجًا.

제12조

노동은 국가가 보장하는 권리이고 의무이자 명예이다. 어느 누구에게도 강제노동을 강요해서는 아니된다. 그러나 공정한 보수로 일정기간 동안 공공서비스를 수행하도록 법률로 정한 경우는 그러하지 아니한다. 강제노동을 허용하는 경우라도 노동자들의 기본권을 침해하지 않아야 한다.

제13조

국가는 노동자의 권리를 보호하고, 생산 활동에 있어 (노사)양측 간의 균형 있는 노동 관계 구축을 위해 노력해야 한다. 국가는 법률이 정하는 바에 따라 단체 교섭 수단을 보장하고, 노동의 위험으로부터 노동자를 보호하며, 보안과 직업 안전 및 건강을 위한 조건들을 충족시키기 위해 노력하고, 임의 해고를 금지한다. 이에 관한 내용은 법률로 정한다.

(المادة ١٢)

العمل حق، وواجب، وشرف تكفله الدولة. ولا يجوز إلزام أي مواطن بالعمل جبرًا، إلا بمقتضى قانون، ولأداء خدمة عامة، لمدة محددة، وبمقابل عادل، ودون إخلال بالحقوق الأساسية للمكلفين بالعمل .

(المادة ١٣)

تلتزم الدولة بالحفاظ على حقوق العمال، وتعمل على بناء علاقات عمل متوازنة بين طرفي العملية الإنتاجية، وتكفل سبل التفاوض الجماعي، وتعمل على حماية العمال من مخاطر العمل وتوافر شروط الأمن والسلامة والصحة المهنية، ويحظر فصلهم تعسفيًا، وذلك كله على النحو الذي ينظمه القانون.

제14조

공직은 편애나 알선이 아닌 능력을 바탕으로 하는 국민들의 권리이고, 국민들에 대한 봉사를 위해 그 일을 수행하는 사람들에게 위탁된 것이다. 국가는 공무원들의 권리와 신분을 보장하고, 공무원이 국민의 이익을 위하여 의무를 수행할 수 있도록 보장해야 한다. 법률이 정한 경우가 아닌 한 징계가 아닌 방식으로 공무원을 해임하는 것은 허용되지 아니한다.

제15조

평화적인 파업은 법률이 정한 권리이다.

제16조

국가는 순교자들을 존중하고, 혁명의 부상자들, 노인이 된 전쟁 참전 용사들 및 부상자들, 전쟁 실종자들의 가족들과 그들과 같은 처지에 있는 사람들, 보안 활동 상의 부상자들, 그들의 부인들과 아이들, 부모들을 존중해야 한다. 국

(المادة ١٤)

الوظائف العامة حق للمواطنين على أساس الكفاءة، ودون محاباة أو وساطة، وتكليف للقائمين بها لخدمة الشعب، وتكفل الدولة حقوقهم وحمايتهم، وقيامهم بأداء واجباتهم في رعاية مصالح الشعب، ولا يجوز فصلهم بغير الطريق التأديبي، إلا في الأحوال التي يحددها القانون.

(المادة ١٥)

الإضراب السلمي حق ينظمه القانون.

(المادة ١٦)

تلتزم الدولة بتكريم شهداء الوطن، ورعاية مصابي الثورة، والمحاربين القدماء والمصابين، وأسر المفقودين في الحرب وما في حكمها، ومصابي العمليات الأمنية، وأزواجهم وأولادهم ووالديهم، وتعمل على توفير

가는 그들에게 법률이 정한 바에 따라 직업의 기회를 제공하기 위해 노력해야 한다. 국가는 이러한 목적을 달성하기 위해 시민 사회 조직의 동참을 장려한다.

제17조

국가는 사회보장제도를 제공한다.

사회보장제도를 누리지 못하는 모든 국민에게는, 일을 할 수 없는 무능력, 노령화, 실업의 상황 등으로 인하여 자신과 가족을 부양할 능력이 없다면, 인간다운 삶을 보장받을 수 있는 사회보장의 권리가 있다.

국가는 법률이 정한 바에 따라 소작농, 농민, 어부(사냥꾼), 비 정규 노동자들에게 적절한 연금을 제공하기 위해 노력해야 한다.

보험금과 연금은 사적 자금이고, 이는 공적 자금에 규정된 모든 형태의 보호를 받으며, 보험금 및 연금과 그 수익은 수혜자들의 권리이다. 그것은 법률에 따라 안전하게 투자

فرص العمل لهم، وذلك على النحو الذي ينظمه القانون.

وتشجع الدولة مساهمة منظمات المجتمع المدني في تحقيق هذه الأهداف.

(المادة ١٧)

تكفل الدولة توفير خدمات التأمين الاجتماعي.

ولكل مواطن لا يتمتع بنظام التأمين الاجتماعي الحق في الضمان الاجتماعي، بما يضمن له حياة كريمة، إذا لم يكن قادرًا على إعالة نفسه وأسرته، وفي حالات العجز عن العمل والشيخوخة والبطالة.

وتعمل الدولة على توفير معاش مناسب لصغار الفلاحين، والعمال الزراعيين والصيادين، والعمالة غير المنتظمة، وفقًا للقانون.

وأموال التأمينات والمعاشات أموال خاصة، تتمتع بجميع أوجه وأشكال الحماية المقررة للأموال العامة، وهي وعوائدها حق للمستفيدين منها، وتستثمر

되고 독립된 기구가 이를 관리한다.

국가는 보험금과 연금을 보장한다.

제18조

모든 국민에게는 양질의 기준에 따라 건강과 포괄적인 건강 관리를 받을 권리가 있고, 국가는 국민에게 보건 서비스 제공을 위한 공중보건 시설의 관리와 지원을 보장하며, 보건 서비스의 효율성과 공정한 지리적 확산을 위해 노력해야 한다.

국가는 국민총생산의 3% 이상을 건강을 위한 정부 지출 비율로 할당해야만 하고, 그 비율은 세계적 수준에 이를 때까지 단계적으로 증가하도록 한다.

국가는 전 이집트인들의 모든 질병을 아우르는 포괄적인 건강관리시스템을 구축하고, 시스템의 가입이나 면제에 대한 국민들의 기여도는 그들의 소득 수준에 따라 법률로 정한다.

응급사태나 생명이 위험한 경우 모든 인간에 대한 치료를

استثمارًا آمنا، وتديرها هيئة مستقلة، وفقًا للقانون.
وتضمن الدولة أموال التأمينات والمعاشات.

(المادة ١٨)

لكل مواطن الحق في الصحة وفي الرعاية الصحية المتكاملة وفقًا لمعايير الجودة، وتكفل الدولة الحفاظ على مرافق الخدمات الصحية العامة التي تقدم خدماتها للشعب ودعمها والعمل على رفع كفاءتها وانتشارها الجغرافي العادل.

وتلتزم الدولة بتخصيص نسبة من الإنفاق الحكومي للصحة لا تقل عن ٣ ٪ من الناتج القومي الإجمالي تتصاعد تدريجيا حتى تتفق مع المعدلات العالمية.

وتلتزم الدولة بإقامة نظام تأمين صحي شامل لجميع المصريين يغطي كل الأمراض، وينظم القانون إسهام المواطنين في اشتراكاته أو إعفاءهم منها طبقًا لمعدلات دخولهم.

ويجرم الامتناع عن تقديم العلاج بأشكاله المختلفة

거부하는 것은 범죄이다.

국가는 의사, 간호사, 보건 부문 종사자들의 (근무 조건 등의) 상태를 개선해야 한다.

모든 보건시설, 건강 관련 제품 및 재료, 건강 관련 광고 수단은 국가의 감독 하에 있고, 국가는 법률이 정한 바에 따라 의료서비스에 민간 및 공공 부분의 참여를 장려한다.

제19조

교육[22]은 모든 국민의 권리이고, 그 목표는 이집트의 특성 구축, 국가 정체성 보존, 과학적 사고 방식의 구축, 재능 개발, 창의력 촉진, 문명적·정신적 가치 및 시민정신, 관용, 비 특권 의식을 공고히 하는 것이다. 국가는 교육 과정과 수단을 준비하기 위한 목표를 수립하고, 국제 기준에 따라 교육을 제공해야 한다.

교육은 중등 교육이나 그와 동등한 단계까지는 의무이고, 국가는 법률에 따라 국가 교육기관들의 다양한 단계에서

لكل إنسان في حالات الطوارئ أو الخطر على الحياة. وتلتزم الدولة بتحسين أوضاع الأطباء وهيئات التمريض والعاملين في القطاع الصحي.

وتخضع جميع المنشآت الصحية، والمنتجات والمواد، ووسائل الدعاية المتعلقة بالصحة لرقابة الدولة، وتشجع الدولة مشاركة القطاعين الخاص والأهلي في خدمات الرعاية الصحية وفقًا للقانون.

(المادة ١٩)

التعليم حق لكل مواطن، هدفه بناء الشخصية المصرية، والحفاظ على الهوية الوطنية، وتأصيل المنهج العلمي في التفكير، وتنمية المواهب وتشجيع الابتكار، وترسيخ القيم الحضارية والروحية، وإرساء مفاهيم المواطنة والتسامح وعدم التمييز، وتلتزم الدولة بمراعاة أهدافه في مناهج التعليم ووسائله، وتوفيره وفقًا لمعايير الجودة العالمية.

والتعليم إلزامي حتى نهاية المرحلة الثانوية أو ما يعادلها،

무상 교육을 보장해야 한다.

국가는 국민총생산의 4% 이상을 교육을 위한 정부 지출 비율로 지정해야만 하고, 그 비율은 세계적 수준에 이를 때까지 단계적으로 증가하도록 한다.

국가는 모든 공립 및 사립 학교들과 전문학교들이 이러한 교육정책을 준수하도록 감독한다.

제20조

국가는 국제 기준에 따라 그리고 노동시장의 필요에 적합하도록 예술 및 기술 교육과 직업 훈련을 장려하고 발전시키며, 모든 유형의 교육을 확대해야 한다.

제21조

국가는 대학교, 과학 및 언어 학교의 독립성을 보장하고, 국제 기준에 따른 대학 교육의 제공을 보장하며, 법률에

وتكفل الدولة مجانيته بمراحله المختلفة في مؤسسات الدولة التعليمية، وفقًا للقانون.

وتلتزم الدولة بتخصيص نسبة من الإنفاق الحكومي للتعليم لا تقل عن ٤٪ من الناتج القومي الإجمالي، تتصاعد تدريجيا حتى تتفق مع المعدلات العالمية.

وتشرف الدولة عليه لضمان التزام جميع المدارس والمعاهد العامة والخاصة بالسياسات التعليمية لها.

(المادة ٢٠)

تلتزم الدولة بتشجيع التعليم الفني والتقني والتدريب المهني وتطويره، والتوسع في أنواعه كافة، وفقا لمعايير الجودة العالمية، وبما يتناسب مع احتياجات سوق العمل.

(المادة ٢١)

تكفل الدولة استقلال الجامعات والمجامع العلمية واللغوية، وتوفير التعليم الجامعي وفقًا لمعايير الجودة

따라 국립 대학교 및 전문학교들의 무상 교육을 보장해야 한다.

국가는 국민총생산의 2% 이상을 대학 교육을 위한 정부 지출 비율로 할당하고, 그 비율은 세계적 수준에 이를 때까지 단계적으로 증가하도록 한다.

국가는 영리를 목표로 하지 않는 공립 대학교의 설립을 장려하고, 사립 및 공립 대학교의 교육 품질 보장, 국제 품질 기준 준수, 교육 및 연구자 단체들의 위원들로 구성된 핵심 그룹 준비, 교육 및 연구 발전을 위한 충분한 수익률의 할당을 보장해야 한다.

제22조

교사들, 교수진, 조교들은 교육의 기본 주체이고, 국가는 교육의 품질과 목표 실현을 보장하기 위해 그들의 학문 역량, 직업 기술 개발, 재정적 · 도덕적 권리를 보장한다.

العالمية، وتعمل على تطوير التعليم الجامعي وتكفل مجانيته في جامعات الدولة ومعاهدها، وفقا للقانون. وتلتزم الدولة بتخصيص نسبة من الإنفاق الحكومي للتعليم الجامعي لا تقل عن ٢٪ من الناتج القومي الإجمالي تتصاعد تدريجيا حتى تتفق مع المعدلات العالمية.

وتعمل الدولة على تشجيع إنشاء الجامعات الأهلية التي لا تستهدف الربح، وتلتزم الدولة بضمان جودة التعليم في الجامعات الخاصة والأهلية والتزامها بمعايير الجودة العالمية، وإعداد كوادرها من أعضاء هيئات التدريس والباحثين، وتخصيص نسبة كافية من عوائدها لتطوير العملية التعليمية والبحثية.

(المادة ٢٢)

المعلمون، وأعضاء هيئة التدريس ومعاونوهم، الركيزة الأساسية للتعليم، تكفل الدولة تنمية كفاءاتهم العلمية، ومهاراتهم المهنية، ورعاية حقوقهم المادية والأدبية، بما

제23조

국가는 국가 주권 달성과 지식 경제 구축의 수단으로써 과학 연구의 자유를 보장하고 과학 연구 기관을 장려한다. 국가는 연구자 및 발명가를 후원하고, 국민총생산의 1% 이상을 과학 교육을 위한 정부 지출 비율로 할당하며, 그 비율은 세계적 수준에 이를 때까지 단계적으로 증가하도록 한다.

또한 국가는 민간 및 공공 부문을 위한 효율적인 기여 방안과 과학 연구의 부흥에 해외에 거주하는 이집트인들의 기여를 보장한다.

제24조

모든 단계에서의 아랍어, 종교, 국사는 국립 및 사립 대학 이전 교육의 기초 핵심 과목이다. 대학교는 다양한 분과 학문과 관련된 인권, 직업적 가치, 도덕 교육을 위해 노력

يضمن جودة التعليم وتحقيق أهدافه.

(المادة ٢٣)

تكفل الدولة حرية البحث العلمي وتشجيع مؤسساته، باعتباره وسيلة لتحقيق السيادة الوطنية، وبناء اقتصاد المعرفة، وترعى الباحثين والمخترعين، وتخصص له نسبة من الإنفاق الحكومي لا تقل عن ١٪ من الناتج القومي الإجمالي تتصاعد تدريجيا حتى تتفق مع المعدلات العالمية.

كما تكفل الدولة سبل المساهمة الفعالة للقطاعين الخاص والأهلي وإسهام المصريين في الخارج في نهضة البحث العلمي.

(المادة ٢٤)

اللغة العربية والتربية الدينية والتاريخ الوطني بكل مراحله مواد أساسية في التعليم قبل الجامعي الحكومي والخاص، وتعمل الجامعات على تدريس حقوق

해야 한다.

제25조

국가는 전 연령대의 국민들을 대상으로 글자와 숫자의 문맹[23]을 근절하기 위해 포괄적인 계획을 수립해야 하고, 시민 사회 기관들의 참여를 통한 실행 기구를 설치해야 하며, 이는 특정 시한의 계획을 따른다.

제26조

민간 단체의 설립은 금지된다.

الإنسان والقيم والأخلاق المهنية للتخصصات العلمية المختلفة.

(المادة ٢٥)

تلتزم الدولة بوضع خطة شاملة للقضاء على الأمية الهجائية والرقمية بين المواطنين في جميع الأعمار، وتلتزم بوضع آليات تنفيذها بمشاركة مؤسسات المجتمع المدني، وذلك وفق خطة زمنية محددة.

(المادة ٢٦)

إنشاء الرتب المدنية محظور.

제2절

경제 구성요소

제27조

경제 시스템은 지속적인 성장과 사회 정의를 통한 국가 번영의 실현을 목표로 하고, 이를 통해 국가 경제의 실질 성장률 증가, 생활 수준 향상, 직업 선택의 기회 증가 및 실업률 감소, 빈곤 퇴치를 보장한다.

경제 시스템은 재정 및 상업상의 균형, 공정한 세금 제도, 시장 메커니즘 규제, 다양한 유형의 소유권 보장을 통한 경쟁 촉진, 투자 장려, 지역·분야·환경의 균형 성장, 독점 행위 금지가 가능하도록 투명한 지배구조 기준을 준수해야 한다. 이를 통해 노동자의 권리를 보호하고 소비자를 보호한다.

경제 시스템은 사회적 기회 균등, 개발 이익의 공정한 분배, 소득 격차 감소, 인간다운 삶을 보장하기 위한 최저 임금 및 연금의 설정, 국가 기관에서 임금을 받는 모든 노동

الفصل الثاني
المقومات الاقتصادية

(المادة ٢٧)

يهدف النظام الاقتصادي إلى تحقيق الرخاء في البلاد من خلال التنمية المستدامة والعدالة الاجتماعية، بما يكفل رفع معدل النمو الحقيقي للاقتصاد القومي، ورفع مستوى المعيشة، وزيادة فرص العمل وتقليل معدلات البطالة، والقضاء على الفقر.

ويلتزم النظام الاقتصادي بمعايير الشفافية والحوكمة، ودعم محاور التنافس وتشجيع الاستثمار، والنمو المتوازن جغرافيا وقطاعيا وبيئيا، ومنع الممارسات الاحتكارية، مع مراعاة الاتزان المالي والتجاري والنظام الضريبي العادل، وضبط آليات السوق، وكفالة الأنواع المختلفة، بما يحفظ حقوق العاملين ويحمي المستهلك.

ويلتزم النظام الاقتصادي اجتماعيًا بضمان تكافؤ

자들을 위한 최대 임금 및 연금의 설정을 법률에 따라 보장해야 한다.

제28조

생산·서비스·정보 경제 활동은 국가 경제의 기본 구성요소들이다. 국가는 이를 보호하고 경쟁력을 증가시켜야 하며 투자 유치 환경을 제공해야 한다. 국가는 생산 증가, 수출 장려, 수입 규제를 위해 노력해야 한다.

국가는 모든 분야의 중소 및 영세 기업들에 특별한 관심을 기울여야 하고, 비 공식 부문의 규제와 훈련을 위해 노력해야 한다.

제29조

농업은 국가 경제의 기본 구성요소이다.

الفرص والتوزيع العادل لعوائد التنمية وتقليل الفوارق بين الدخول والالتزام بحد أدنى للأجور والمعاشات يضمن الحياة الكريمة، وبحد أقصى في أجهزة الدولة لكل من يعمل بأجر، وفقًا للقانون.

(المادة ٢٨)

الأنشطة الاقتصادية الإنتاجية والخدمية والمعلوماتية مقومات أساسية للاقتصاد الوطني، وتلتزم الدولة بحمايتها، وزيادة تنافسيتها، وتوفير المناخ الجاذب للاستثمار، وتعمل على زيادة الإنتاج، وتشجيع التصدير، وتنظيم الاستيراد.

وتولى الدولة اهتمامًا خاصًا بالمشروعات المتوسطة والصغيرة ومتناهية الصغر في كافة المجالات، وتعمل على تنظيم القطاع غير الرسمي وتأهيله.

(المادة ٢٩)

الزراعة مقوم أساسي للاقتصاد الوطني.

국가는 농토를 보호하고 증가시키며 이에 대한 침범을 금지해야 하고, 농촌의 발전 및 주민들의 생활 수준을 향상시키고 환경 위험으로부터 보호해야 한다. 또한 국가는 농업 및 축산의 개발과 이들이 기반하고 있는 산업의 장려를 위해 노력해야 한다.

국가는 농업 및 축산에 필요한 제반 사항을 제공하고, 농민의 이윤 실현을 위해 적절한 가격으로 농업 협회와 조합이 합의한 대로 기본 농작물을 구매해야 한다. 또한 국가는 소작농과 청년 졸업생들에게 일정 비율의 개간지를 할당하고, 농민과 농업 노동자들의 독립을 보호해야 한다. 이에 관한 내용은 법률로 정한다.

제30조

국가는 어업을 보호하고 어민을 보호·지원하며, 그들이 생태계에 해를 끼치지 않고 작업을 수행할 수 있도록 해야

وتلتزم الدولة بحماية الرقعة الزراعية وزيادتها، وتجريم الاعتداء عليها، كما تلتزم بتنمية الريف ورفع مستوى معيشة سكانه وحمايتهم من المخاطر البيئية، وتعمل على تنمية الإنتاج الزراعي والحيواني، وتشجيع الصناعات التي تقوم عليهما.

وتلتزم الدولة بتوفير مستلزمات الإنتاج الزراعي والحيواني، وشراء المحاصيل الزراعية الأساسية بسعر مناسب يحقق هامش ربح للفلاح، وذلك بالاتفاق مع الاتحادات والجمعيات الزراعية، كما تلتزم الدولة بتخصيص نسبة من الأراضي المستصلحة لصغار الفلاحين وشباب الخريجين، وحماية الفلاح والعامل الزراعي من الاستقلال، وذلك كله النحو الذي ينظمه القانون.

(المادة ٣٠)

تلتزم الدولة بحماية الثروة السمكية وحماية ودعم الصيادين، وتمكينهم من مزاولة أعمالهم دون إلحاق

한다. 이에 관한 내용은 법률로 정한다.

제31조

정보 공간에 대한 보안은 국가 경제 및 안보 시스템의 필수적인 부분이다. 국가는 이의 보호에 필요한 조치를 취해야 한다. 이에 관한 내용은 법률로 정한다.

제32조

국가의 천연자원[24]은 국민의 소유이다. 국가는 천연자원을 보호하고 선용하며, 이의 고갈을 막고 이 자원에 대한 미래 세대의 권리를 고려해야 한다.

국가는 재생 가능 에너지 자원을 최대한 활용하고, 이에 대한 투자를 촉진하며, 관련 과학 분야의 연구를 장려해야 한다.

국가는 원자재 제조를 장려하고, 경제적 타당성에 따라 부가가치의 증대를 위해 노력해야 한다.

الضرر بالنظم البيئية، وذلك على النحو الذي ينظمه القانون.

(المادة ٣١)

أمن الفضاء المعلوماتي جزء أساسي من منظومة الاقتصاد والأمن القومي، وتلتزم الدولة باتخاذ التدابير اللازمة للحفاظ عليه، على النحو الذي ينظمه القانون.

(المادة ٣٢)

موارد الدولة الطبيعية ملك للشعب، تلتزم الدولة بالحفاظ عليها، وحُسن استغلالها، وعدم استنزافها، ومراعاة حقوق الأجيال القادمة فيها.

كما تلتزم الدولة بالعمل على الاستغلال الأمثل لمصادر الطاقة المتجددة، وتحفيز الاستثمار فيها، وتشجيع البحث العلمي المتعلق بها.

وتعمل الدولة على تشجيع تصنيع المواد الأولية، وزيادة قيمتها المضافة وفقًا للجدوى الاقتصادية.

국가 공공자산에 대한 처분은 허용되지 않으며, 천연자원 개발권 및 공공시설에 대한 독점권은 법률이 정하는 바에 따라 30년을 넘지 않는다.

채석장, 소규모 광산, 염전 개발권, 공공시설에 대한 독점권은 법률이 정하는 바에 따라 15년을 넘지 않는다.

국가의 사적 재산에 대한 처분 및 규제 절차는 법률로 정한다.

제33조

국가는 공적 소유권, 사적 소유권, 공동 소유권과 같은 세 가지 유형의 소유권을 보호한다.

제34조

공적 소유권은 불가침이고 이에 대한 침해는 허용되지 않으며, 이의 보호는 법률에 따라 의무이다.

ولا يجوز التصرف في أملاك الدولة العامة، ويكون منح حق استغلال الموارد الطبيعية أو التزام المرافق العامة بقانون، ولمدة لا تتجاوز ثلاثين عامًا.

ويكون منح حق استغلال المحاجر والمناجم الصغيرة والملاحات، أو منح التزام المرافق العامة لمدة لا تتجاوز خمسة عشر عاما بناء على قانون.

ويحدد القانون أحكام التصرف في أملاك الدولة الخاصة، والقواعد والإجراءات المنظمة لذلك.

(المادة ٣٣)

تحمى الدولة الملكية بأنواعها الثلاثة، الملكية العامة، والملكية الخاصة، والملكية التعاونية.

(المادة ٣٤)

للملكية العامة حرمة، لا يجوز المساس بها، وحمايتها واجب وفقًا للقانون.

제35조

사유재산은 보호되고 이에 대한 상속권도 보장된다. 사유
재산에 대한 몰수는 법률에 명시된 상황과 법원의 판결에
의해서만 허용되며, 재산권의 몰수는 공익과 법률에 따라
사전에 지불된 공정한 보상금에 의해서만 이루어진다.

제36조

국가는 국가 경제와 사회 서비스에 대한 사회적 책임을 다
하기 위해 민간 부문을 장려해야 한다.

제37조

협동조합의 재산은 보장되고, 국가는 협동조합을 보호하
고 지원하며, 이에 대한 독립성을 보장해야 한다.
협동조합 및 이사회의 해산은 법원의 판결에 의해서만 허
용된다.

(المادة ٣٥)

الملكية الخاصة مصونة، وحق الإرث فيها مكفول، ولا يجوز فرض الحراسة عليها إلا في الأحوال المبينة في القانون، وبحكم قضائي، ولا تنزع الملكية إلا للمنفعة العامة ومقابل تعويض عادل يدفع مقدمًا وفقًا للقانون.

(المادة ٣٦)

تعمل الدولة على تحفيز القطاع الخاص لأداء مسؤوليته الاجتماعية في خدمة الاقتصاد الوطني والمجتمع .

(المادة ٣٧)

الملكية التعاونية مصونة، وترعي الدولة التعاونيات، ويكفل القانون حمايتها، ودعمها، ويضمن استقلالها. ولا يجوز حلها أو حل مجالس إدارتها إلا بحكم قضائي.

제38조

조세제도 및 기타 공공요금은 국가 자원의 개발, 사회 정의 및 경제 발전의 실현을 목표로 한다.

공공세금의 창설 · 수정 · 취소는 법률에 의해서만 허용되고, 면세는 법률에 명시된 경우에만 허용된다. 누군가에게 세금이나 수수료의 추가 지불을 부과하는 것은 법률의 범위 내에서 허용된다.

세금 징수에는 다양한 수단이 있다. 개인 소득에 대한 세금은 그들의 납세 능력에 따른다. 조세제도는 육체 노동 근로자들의 활동을 장려하고, 경제적 · 사회적 · 문화적 성장에서의 역할을 보장한다.

국가는 조세제도를 발전시키고 세금 징수의 효율성, 용이성, 정확성을 실현하도록 현대적 시스템을 구축해야 한다. 또한 세금, 수수료, 기타 주권 수익의 징수 방법과 국고의 예치는 법률로 정한다.

세금 납부는 의무이며, 탈세는 범죄이다.

(المادة ٣٨)

يهدف النظام الضريبي وغيره من التكاليف العامة إلى تنمية موارد الدولة، وتحقيق العدالة الاجتماعية، والتنمية الاقتصادية.

لا يكون إنشاء الضرائب العامة، أو تعديلها، أو إلغاؤها، إلا بقانون، ولا يجوز الإعفاء منها إلا في الأحوال المبينة في القانون. ولا يجوز تكليف أحد أداء غير ذلك من الضرائب، أو الرسوم، إلا في حدود القانون.

ويراعى في فرض الضرائب أن تكون متعددة المصادر. وتكون الضرائب على دخول الأفراد تصاعدية متعددة الشرائح وفقا لقدراتهم التكليفية، ويكفل النظام الضريبى تشجيع الأنشطة الاقتصادية كثيفة العمالة، وتحفيز دورها في التنمية الاقتصادية، والاجتماعية، والثقافية.

تلتزم الدولة بالارتقاء بالنظام الضريبي، وتبنى النظم الحديثة التي تحقق الكفاءة واليسر والأحكام في تحصيل الضرائب. ويحدد القانون طرق وأدوات تحصيل الضرائب، والرسوم، وأي متحصلات سيادية أخرى،

제39조

저축은 국가가 보호하고 장려하는 국가의 의무이고, 법률이 정하는 바에 따라 저축 금액을 보호해야 한다.

제40조

재산의 공적 몰수는 금지된다.

법원의 판결에 의하지 아니하고는 사적 몰수는 허용되지 않는다.

제41조

국가는 인구증가율과 이용 가능 자원 간의 균형 실현, 인적 자원에 대한 투자 극대화 및 기능 향상을 목표로 하는 주택 계획을 지속 가능한 발전 실현의 테두리 내에서 실행해야 한다.

وما يودع منها في الخزانة العامة للدولة.

وأداء الضرائب واجب، والتهرب الضريبي جريمة.

(المادة ٣٩)

الإدخار واجب وطني تحميه الدولة وتشجعه، وتضمن المدخرات، وفقا لما ينظمه القانون.

(المادة ٤٠)

المصادرة العامة للأموال محظورة.

ولا تجوز المصادرة الخاصة، إلا بحكم قضائي.

(المادة ٤١)

تلتزم الدولة بتنفيذ برنامج سكاني يهدف إلى تحقيق التوازن بين معدلات النمو السكاني والموارد المتاحة، وتعظيم الاستثمار في الطاقة البشرية وتحسين خصائصها، وذلك في إطار تحقيق التنمية المستدامة.

제42조

근로자는 사업을 수행하고 그 수익을 공유하며, 법률이 정하는 바에 따라 생산성 향상과 계획 이행을 책임진다. 국가는 생산 도구를 보호해야 한다.

공공부문별 이사회의 근로자 대표는 선출된 위원 수의 50%이고, 공공사업 부문 이사회의 근로자 대표는 법률로 정한다.

농업·산업·수공업 협동조합 이사회의 소규모 농민 및 수공업자 대표의 비율은 80% 이상이고, 이에 관한 내용은 법률로 정한다.

제43조

국가는 국가 소유의 국제 수로인 수에즈운하[25]의 보호·개발·유지를 담당하며, 운하 부문을 중요한 경제 중심으로 간주하고 이의 개발을 책임져야 한다.

(المادة ٤٢)

يكون للعاملين نصيب في إدارة المشروعات وفي أرباحها، ويلتزمون بتنمية الإنتاج وتنفيذ الخطة في وحداتهم الإنتاجية، وفقا للقانون. والمحافظة على أدوات الإنتاج واجب وطني.

ويكون تمثيل العمال في مجالس إدارة وحدات القطاع العام بنسبة خمسين في المائة من عدد الأعضاء المنتخبين، ويكون تمثيلهم في مجالس إدارات شركات قطاع الاعمال العام وفقًا للقانون.

وينظم القانون تمثيل صغار الفلاحين، وصغار الحرفيين، بنسبة لا تقل عن ثمانين في المائة في مجالس إدارة الجمعيات التعاونية الزراعية والصناعية والحرفية.

(المادة ٤٣)

تلتزم الدولة بحماية قناة السويس وتنميتها، والحفاظ عليها بصفتها ممرًا مائيًا دوليًا مملوكًا لها، كما تلتزم بتنمية قطاع القناة، باعتباره مركزا اقتصاديا متميزًا.

제44조

국가는 나일강을 보호하고, 이와 관련된 이집트의 역사적 권리를 보호하며, 이로부터 나오는 이익을 합리화하고 극대화하며, 물을 낭비하거나 오염시키지 않아야 한다. 또한 국가는 지하수를 보호하고, 수질 안전을 보장하기 위해 노력하며, 이 분야의 과학적 연구를 지원해야 한다.

모든 국민은 나일강을 향유할 권리가 있으며, 나일강을 훼손하거나 강의 환경을 위해하는 행위는 금지되고, 국가는 위해 유발 요인을 제거해야 한다. 이에 관한 내용은 법률로 정한다.

제45조

국가는 바다, 해변, 호수, 수로, 자연 보호지역을 보호해야 한다.

이에 대한 훼손, 오염, 자연과 모순되는 방식으로의 사용은 금지되고, 이에 대한 모든 국민의 권리는 보장된다. 국

(المادة ٤٤)

تلتزم الدولة بحماية نهر النيل، والحفاظ على حقوق مصر التاريخية المتعلقة به، وترشيد الاستفادة منه وتعظيمها، وعدم إهدار مياهه أو تلويثها. كما تلتزم الدولة بحماية مياهها الجوفية، واتخاذ الوسائل الكفيلة بتحقيق الأمن المائي ودعم البحث العلمي في هذا المجال.

وحق كل مواطن في التمتع بنهر النيل مكفول، ويحظر التعدى على حرمه أو الإضرار بالبيئة النهرية، وتكفل الدولة إزالة ما يقع عليه من تعديات، وذلك على النحو الذي ينظمه القانون.

(المادة ٤٥)

تلتزم الدولة بحماية بحارها وشواطئها وبحيراتها وممراتها المائية ومحمياتها الطبيعية.

ويحظر التعدى عليها، أو تلويثها، أو استخدامها فيما يتنافى مع طبيعتها، وحق كل مواطن في التمتع بها

가는 도시의 녹지 보호 및 개발, 식물 · 동물 · 어류 자원의 보호, 멸종이나 위험에 노출된 상기 자원을 보호해야 한다. 이에 관한 내용은 법률로 정한다.

제46조

모든 개인은 건강하고 건전한 환경에서 생활할 권리가 있고, 이러한 환경의 보호는 국가의 의무이다.

국가는 환경의 지속적인 성장과 이에 대한 미래 세대의 권리를 보장하기 위해 환경의 보호와 훼손 방지 및 천연자원의 올바른 사용에 필요한 대책을 마련해야 한다.

مكفول، كما تكفل الدولة حماية وتنمية المساحة الخضراء في الحضر، والحفاظ على الثروة النباتية والحيوانية والسمكية، وحماية المعرض منها للإنقراض أو الخطر، والرفق بالحيوان، وذلك كله على النحو الذي ينظمه القانون.

(المادة ٤٦)

لكل شخص الحق في بيئة صحية سليمة، وحمايتها واجب وطني.

وتلتزم الدولة باتخاذ التدابير اللازمة للحفاظ عليها، وعدم الإضرار بها، والاستخدام الرشيد للموارد الطبيعية بما يكفل تحقيق التنمية المستدامة، وضمان حقوق الأجيال القادمة فيها.

제3절

문화 구성요소

제47조

국가는 인류 문명의 다양한 기둥들 중 하나인 이집트 문화의 정체성을 보호해야 한다.

제48조

문화는 모든 국민의 권리이다. 국가는 이를 보장하고, 이의 지원 및 재정 능력이나 지리적 위치 또는 기타 원인에 의한 아무런 차별 없이 다양한 집단의 사람들에게 모든 종류의 문화 자료를 제공할 책임이 있다. 국가는 외딴 지역과 가장 필요한 집단에 대하여 특별한 관심을 기울여야 한다.

국가는 아랍어에서 그리고 아랍어로의 번역 활동을 장려한다.

الفصل الثالث
المقومات الثقافية

(المادة ٤٧)

تلتزم الدولة بالحفاظ على الهوية الثقافية المصرية بروافدها الحضارية المتنوعة.

(المادة ٤٨)

الثقافة حق لكل مواطن، تكفله الدولة وتلتزم بدعمه وبإتاحة المواد الثقافية بجميع أنواعها لمختلف فئات الشعب، دون تمييز بسبب القدرة المالية أو الموقع الجغرافي أو غير ذلك. وتولي اهتمامًا خاصًا بالمناطق النائية والفئات الأكثر احتياجًا.

وتشجع الدولة حركة الترجمة من العربية وإليها.

제49조

국가는 유물을 보호하고 보존해야 하며, 유적지를 보호 · 유지 · 보수해야 하고, 점유된 유물을 복원하며, 발굴 작업을 조직하고 감독해야 한다.

유물을 선물로 제공하거나 교환하는 것은 금지된다.

유물과 유적지에 대한 훼손과 유물의 거래는 공소시효가 없는 범죄이다.

제50조

고대(파라오), 콥트[26], 이슬람의 모든 유형과 단계의 물질적이고 정신적인 이집트 문명 및 문화 유산은 (이집트) 민족과 인류의 유산이다. 국가는 이들뿐만 아니라 다양한 유형의 현대 건축 · 문학 · 예술 문화재를 보호하고 유지해야 하며, 이들에 대한 훼손은 법률로써 처벌한다. 국가는 이집트의 다양한 문화 요소들의 보호에 특별한 관심을 기울여야 한다.

(المادة ٤٩)

تلتزم الدولة بحماية الآثار والحفاظ عليها، ورعاية مناطقها، وصيانتها، وترميمها، واسترداد ما استولى عليه منها، وتنظيم التنقيب عنها والإشراف عليه.

ويحظر إهداء أو مبادلة أي شيء منها.

والاعتداء عليها والإتجار فيها جريمة لا تسقط بالتقادم.

(المادة ٥٠)

تراث مصر الحضاري والثقافي، المادي والمعنوي، بجميع تنوعاته ومراحله الكبرى، المصرية القديمة، والقبطية، والإسلامية، ثروة قومية وإنسانية، تلتزم الدولة بالحفاظ عليه وصيانته، وكذا الرصيد الثقافي المعاصر المعماري والأدبي والفني بمختلف تنوعاته، والاعتداء على أي من ذلك جريمة يعاقب عليها القانون. وتولى الدولة اهتمامًا خاصًا بالحفاظ على مكونات التعددية الثقافية في مصر.

제3장
권리, 자유, 공적 의무

제51조

존엄성은 모든 인간의 권리이고, 이에 대한 침해는 허용되지 않으며, 국가는 이를 준수하고 보호해야 한다.

제52조

모든 형태의 고문은 공소시효가 없는 범죄이다.

제53조

국민은 법 앞에 평등하고, 권리와 자유 및 공적 의무에서 평등하다. 국민은 종교, 신념, 성, 출신, 혈통, 피부색, 언어, 장애, 사회적 계층, 정치적·지역적 소속, 기타 원인으로 인한 어떠한 차별도 받지 아니한다. 차별과 증오를 선

الباب الثالث
الحقوق والحريات والواجبات العامة

(المادة ٥١)

الكرامة حق لكل إنسان، ولا يجوز المساس بها، وتلتزم الدولة باحترامها وحمايتها.

(المادة ٥٢)

التعذيب بجميع صوره وأشكاله، جريمة لا تسقط بالتقادم.

(المادة ٥٣)

المواطنون لدى القانون سواء، وهم متساوون في الحقوق والحريات والواجبات العامة، لا تمييز بينهم بسبب الدين، أو العقيدة، أو الجنس، أو الأصل، أو العرق، أو اللون، أو اللغة، أو الإعاقة، أو المستوى

동하는 것은 법률로써 처벌하는 범죄이다.

국가는 모든 형태의 차별 철폐를 위한 대책을 마련해야 하고, 이러한 목적을 위한 독립적인 위원회의 설치는 법률로 정한다.

제54조

개인의 자유는 자연권이고, 범죄행위에 관여한 상황을 제외하고는 침해 받지 않고 보장된다. 조사가 불가피한 원인으로 인한 법원의 명령에 의하지 아니하고는 어느 누구도 체포되거나 수색을 받거나 구금되거나 자유를 제한 받지 않는다.

자유가 제한된 모든 사람에게는 즉시 그 원인이 통보되어야 하고, 그의 권리는 서면으로 통보되어야 한다. 그는 즉시 가족 및 변호인과 연락할 수 있고, 그는 자유가 제한된

الإجتماعي، أو الإنتماء السياسي أو الجغرافي، أو لأي سبب آخر.

التمييز والحض على الكراهية جريمة، يعاقب عليها القانون.

تلتزم الدولة باتخاذ التدابير اللازمة للقضاء على كافة أشكال التمييز، وينظم القانون إنشاء مفوضية مستقلة لهذا الغرض.

(المادة ٥٤)

الحرية الشخصية حق طبيعي، وهي مصونة لا تُمس، وفيما عدا حالة التلبس، لا يجوز القبض على أحد، أو تفتيشه، أو حبسه، أو تقييد حريته بأي قيد إلا بأمر قضائي مسبب يستلزمه التحقيق.

ويجب أن يُبلغ فورًا كل من تقيد حريته بأسباب ذلك، ويحاط بحقوقه كتابة، ويُمكن من الاتصال بذويه وبمحاميه فورا، وأن يقدم إلى سلطة التحقيق خلال أربع وعشرين ساعة من وقت تقييد حريته.

때로부터 24시간 이내에 조사당국에 인계되어야 한다.

심문은 변호인의 동석 하에 시작된다. 변호인이 없는 경우에는 변호인이 선임되며, 장애인은 법률이 정한 절차에 따라 필요한 지원을 받을 수 있다.

자유가 제한된 모든 사람과 기타 사람들은 그 절차의 정당성에 대한 재판을 받을 권리가 있으며, 1주일 이내에 이에 대한 재판이 이루어지지 않으면 그를 즉시 석방해야 한다.

보호조치의 기간과 원인에 대한 규정들, 보호조치되었거나 형벌의 집행을 받은 자가 무죄판결을 받은 경우 국가가 책임져야 할 보상의 권리는 법률로 정한다.

구금이 허용되는 범죄에 대한 모든 피고인의 재판에는 전담 또는 지명 변호인이 출석해야 한다.

제55조

체포되거나 구금되거나 자유가 제한된 모든 사람도 존엄성을 보호받아야 한다. 육체적으로나 정신적으로 고문하거나 위협하거나 강요하거나 상처를 입히는 것은 허용되

ولا يبدأ التحقيق معه إلا في حضور محاميه، فإن لم يكن له محام، نُدب له محام، مع توفير المساعدة اللازمة لذوي الإعاقة، وفقًا للإجراءات المقررة في القانون.

ولكل من تقيد حريته، ولغيره، حق التظلم أمام القضاء من ذلك الإجراء، والفصل فيه خلال أسبوع من ذلك الإجراء، وإلا وجب الإفراج عنه فورًا.

وينظم القانون أحكام الحبس الاحتياطي، ومدته، وأسبابه، وحالات استحقاق التعويض الذي تلتزم الدولة بأدائه عن الحبس الاحتياطي، أو عن تنفيذ عقوبة صدر حكم بات بإلغاء الحكم المنفذة بموجبه.

وفي جميع الأحوال لا يجوز محاكمة المتهم في الجرائم التي يجوز الحبس فيها إلا بحضور محام موكل أو مُنتدب.

(المادة ٥٥)

كل من يقبض عليه، أو يحبس، أو تقيد حريته تجب معاملته بما يحفظ عليه كرامته، ولا يجوز تعذيبه، ولا ترهيبه، ولا إكراهه، ولا إيذاؤه بدنيًا أو معنويًا، ولا

지 않으며, 억류나 구금은 인도적인 방법과 위생적으로 적합한 장소에서 이루어져야 한다. 국가는 장애인들에게도 허용되는 충분한 수단을 제공해야 한다.

이에 대한 위반은 형사상 범죄이고, 이를 위반한 자는 법률이 정하는 바에 따라 처벌된다.

피고인은 묵비권을 가진다. 억압된 상황에서 행해진 모든 진술은 무효로 간주한다.

제56조

교도소는 갱생과 재활의 장소이다.

교도소와 구금 시설은 사법부의 감독을 받아야 하고, 인간의 존엄성을 해하고 건강을 해치는 모든 행위는 금지된다.

유죄 판결이 확정된 자의 갱생과 재활 및 석방 이후의 품위 있는 삶을 돕기 위한 내용은 법률로 정한다.

يكون حجزه، أو حبسه إلا في أماكن مخصصة لذلك لائقة إنسانيًا وصحيًا، وتلتزم الدولة بتوفير وسائل الإتاحة للأشخاص ذوي الإعاقة.

ومخالفة شيء من ذلك جريمة يعاقب مرتكبها وفقًا للقانون.

وللمتهم حق الصمت. وكل قول يثبت أنه صدر من محتجز تحت وطأة شيء مما تقدم، أو التهديد بشيء منه، يهدر ولا يعول عليه.

(المادة ٥٦)

السجن دار إصلاح وتأهيل.

تخضع السجون وأماكن الاحتجاز للإشراف القضائي، ويحظر فيها كل ما ينافي كرامة الإنسان، أو يعرض صحته للخطر.

وينظم القانون أحكام إصلاح وتأهيل المحكوم عليهم، وتيسير سبل الحياة الكريمة لهم بعد الإفراج عنهم.

제57조

사생활은 불가침이며 침해받지 않고 보호된다.

전신, 전보, 전자통신, 전화 통화, 기타 통신 수단은 불가침이며 이의 비밀은 보장된다. 이에 대한 압수, 조사, 감시는 법률이 정하는 바에 따라 법원의 명령에 의한 경우에 한하여 제한된 기간 동안만 허용된다.

국가는 국민의 모든 공공통신 이용권을 보장해야 하고, 이를 임의로 중단하거나 정지 또는 박탈할 수 없다. 이에 관한 내용은 법률로 정한다.

제58조

주택은 불가침이다. 위험한 상황이나 도움을 청하는 경우, 또는 법원이 장소와 시간과 목적을 제한한 영장을 발부한 경우가 아니고는 침입, 수색, 감시, 도청은 허용되지 않는다. 이 모든 것은 법률에 규정된 경우와 법률이 정하는 방

(المادة ٥٧)

للحياة الخاصة حرمة، وهي مصونة لا تمس.
وللمراسلات البريدية، والبرقية، والإلكترونية،
والمحادثات الهاتفية، وغيرها من وسائل الاتصال
حرمة، وسريتها مكفولة، ولا تجوز مصادرتها، أو
الاطلاع عليها، أو رقابتها إلا بأمر قضائي مسبب،
ولمدة محددة، وفي الأحوال التي يبينها القانون.
كما تلتزم الدولة بحماية حق المواطنين في استخدام
وسائل الاتصال العامة بكافة أشكالها، ولا يجوز
تعطيلها أو وقفها أو حرمان المواطنين منها، بشكل
تعسفي، وينظم القانون ذلك.

(المادة ٥٨)

للمنازل حرمة، وفيما عدا حالات الخطر، أو الاستغاثة
لا يجوز دخولها، ولا تفتيشها، ولا مراقبتها أو التنصت
عليها إلا بأمر قضائي مسبب، يحدد المكان، والتوقيت،
والغرض منه، وذلك كله في الأحوال المبينة في القانون،

식으로 이루어진다. 주택에 침입하거나 수색을 할 때는 거주자에게 통보하고, 이 사안에 대해 발부된 영장을 제시해야 한다.

제59조

누구든지 안전한 삶을 누릴 권리가 있다. 국가는 국민과 거주자의 안전과 안도를 위하여 노력해야 한다.

제60조

인체는 불가침이다. 이에 대한 폭행, 훼손 및 이와 유사한 행위는 법률이 처벌하는 범죄이다.

장기 밀매는 금지되고, 의학적이거나 과학적인 실험은 의학 분야에 확립된 원칙에 따라 문서로 작성된 자발적인 동의가 있는 때에만 허용된다. 이에 관한 내용은 법률로 정한다.

وبالكيفية التي ينص عليها، ويجب تنبيه من في المنازل عند دخولها أو تفتيشها، وإطلاعهم على الأمر الصادر في هذا الشأن.

(المادة ٥٩)

الحياة الآمنة حق لكل إنسان، وتلتزم الدولة بتوفير الأمن والطمأنينة لمواطنيها، ولكل مقيم على أراضيها.

(المادة ٦٠)

لجسد الإنسان حرمة، والاعتداء عليه، أو تشويهه، أو التمثيل به، جريمة يعاقب عليها القانون.

ويحظر الإتجار بأعضائه، ولا يجوز إجراء أية تجربة طبية، أو علمية عليه بغير رضاه الحر الموثق، ووفقا للأسس المستقرة في مجال العلوم الطبية، على النحو الذي ينظمه القانون.

제61조

조직과 신체 기관의 기증은 삶의 선물이다. 모든 인간은 문서로 작성된 동의서나 유언에 따라 생존 시 또는 사망 이후에 자신의 신체 기관을 기증할 권리가 있다. 국가는 법률이 정하는 바에 따라 신체 기관의 기증 및 이식에 관한 규정을 제정하기 위한 기구를 설립해야 한다.

제62조

이전, 거주, 이주의 자유는 보장된다.

모든 국민은 강제추방 당하지 않으며, 입국을 거부당하지 아니한다.

이유와 기간이 명시된 법원의 명령과 법률이 정한 상황이 아닌 경우 누구든지 가택연금을 당하지 않고 특정 지역에서의 거주를 금지당하지 아니한다.

(المادة ٦١)

التبرع بالأنسجة والأعضاء هبة للحياة، ولكل إنسان الحق في التبرع بأعضاء جسده أثناء حياته أو بعد مماته بموجب موافقة أو وصية موثقة، وتلتزم الدولة بإنشاء آلية لتنظيم قواعد التبرع بالأعضاء وزراعتها وفقًا للقانون.

(المادة ٦٢)

حرية التنقل، والإقامة، والهجرة مكفولة.
ولا يجوز إبعاد أي مواطن عن إقليم الدولة، ولا منعه من العودة إليه.
ولا يكون منعه من مغادرة إقليم الدولة، أو فرض الإقامة الجبرية عليه، أو حظر الإقامة في جهة معينة عليه، إلا بأمر قضائي مسبب ولمدة محددة، وفي الأحوال المبينة في القانون.

제63조

어떤 형태로든 국민을 강제로 이주하는 것은 금지되고, 이
에 대한 위반은 공소시효가 없는 범죄이다.

제64조

신앙의 자유는 절대적이다.

종교활동의 자유와 계시종교의 예배 장소를 설립할 자유
는 법률이 정한 권리이다.

제65조

사상과 의견의 자유는 보장된다.

누구든지 자신의 의견을 연설, 문서, 사진, 기타 표현 및 출
판 수단으로 표현할 수 있는 권리가 있다.

제66조

과학 연구의 자유는 보장되고, 국가는 연구자와 발명가를

(المادة ٦٣)

يحظر التهجير القسري التعسفي للمواطنين بجميع صوره وأشكاله، ومخالفة ذلك جريمة لا تسقط بالتقادم.

(المادة ٦٤)

حرية الاعتقاد مطلقة.

وحرية ممارسة الشعائر الدينية وإقامة دور العبادة لأصحاب الأديان السماوية، حق ينظمه القانون.

(المادة ٦٥)

حرية الفكر والرأي مكفولة.

ولكل إنسان حق التعبير عن رأيه بالقول، أو الكتابة، أو التصوير، أو غير ذلك من وسائل التعبير والنشر.

(المادة ٦٦)

حرية البحث العلمي مكفولة، وتلتزم الدولة برعاية

보호하며, 그들의 창의성을 보호하고 적용하기 위해 노력
해야 한다.

제67조

예술과 문학 창작의 자유는 보장된다. 국가는 예술 및 문
학을 부흥시키고, 창작자들과 그들의 창작물을 보호하며,
이에 필요한 장려 수단을 제공해야 한다.

검사를 통하지 아니하고는 예술적 · 문학적 · 지적 저작물
들의 중지나 몰수 또는 창작자들에 대한 소송 제기는 허용
되지 않는다. 예술적 · 문학적 · 지적 생산물의 공공성으
로 인해 발생된 범죄에 대해서는 자유를 박탈하는 처벌을
할 수 없다. 폭력 조장, 국민들 간의 차별, 개인의 명예 훼
손과 관련된 범죄는 법률로써 처벌한다.

위와 같은 범죄로 인하여 발생한 피해에 대하여 법원은 가
해자에게 피해액수에 대한 손해배상뿐만 아니라 징벌적
배상을 명할 수 있다. 이에 관한 내용은 법률로 정한다.

الباحثين والمخترعين وحماية ابتكاراتهم والعمل على تطبيقها.

(المادة ٦٧)

حرية الإبداع الفني والأدبي مكفولة، وتلتزم الدولة بالنهوض بالفنون والآداب، ورعاية المبدعين وحماية إبداعاتهم، وتوفير وسائل التشجيع اللازمة لذلك.

ولا يجوز رفع أو تحريك الدعاوى لوقف أو مصادرة الأعمال الفنية والأدبية والفكرية أو ضد مبدعيها إلا عن طريق النيابة العامة، ولا توقع عقوبة سالبة للحرية في الجرائم التي ترتكب بسبب علانية المنتج الفني أو الأدبي أو الفكري، أما الجرائم المتعلقة بالتحريض على العنف أو التمييز بين المواطنين أو الطعن في أعراض الأفراد، فيحدد القانون عقوباتها.

وللمحكمة في هذه الأحوال إلزام المحكوم عليه بتعويض جزائي للمضرور من الجريمة، إضافة إلى التعويضات الأصلية المستحقة له عما لحقه من أضرار منها، وذلك

제68조

정보, 데이터, 통계, 공식 문서는 국민의 소유이고, 이에 대한 다양한 출처로부터의 공개는 국가가 모든 국민에게 보장하는 권리이다. 국가는 국민들에게 이와 같은 것을 투명하게 제공하여 사용하도록 하고, 이의 획득, 제공, 비밀에 대한 규정, 이에 대한 보관 및 보호 원칙, 제공 거부에 대한 불만 규정은 법률로 정한다. 또한 정보 은폐나 고의로 허위 정보를 제공하는 것에 대한 처벌은 법률로 정한다.

국가 기관들은 법률이 정하는 바에 따라 사용 종료된 공식 문서들을 국가문서보관원에 보관해야 하며, 모든 현대적인 수단과 도구를 사용하여 이를 보호하고, 이를 손실이나 파손으로부터 보호, 복원, 디지털화해야 한다.

كله وفقًا للقانون.

(المادة ٦٨)

المعلومات والبيانات والإحصاءات والوثائق الرسمية
ملك للشعب، والإفصاح عنها من مصادرها المختلفة،
حق تكفله الدولة لكل مواطن، وتلتزم الدولة بتوفيرها
وإتاحتها للمواطنين بشفافية، وينظم القانون ضوابط
الحصول عليها وإتاحتها وسريتها، وقواعد إيداعها
وحفظها، والتظلم من رفض إعطائها، كما يحدد
عقوبة حجب المعلومات أو إعطاء معلومات مغلوطة
عمدًا.

وتلتزم مؤسسات الدولة بإيداع الوثائق الرسمية بعد
الانتهاء من فترة العمل بها بدار الوثائق القومية،
وحمايتها وتأمينها من الضياع أو التلف، وترميمها
ورقمنتها، بجميع الوسائل والأدوات الحديثة، وفقًا
للقانون.

제69조

국가는 모든 분야에서 다양한 유형의 지적재산권을 보호
해야 하고, 이러한 권리와 법적 보호를 위한 전문 기관을
설립해야 한다. 이에 대한 내용은 법률로 정한다.

제70조

신문, 인쇄, 종이 · 시각 · 청각 · 디지털 출판은 보장된다.
자연인이든 법인이든, 공적이든 사적이든, 이집트인은 신
문을 소유하고 발행할 권리가 있고, 시청각과 디지털 언론
매체를 설립할 권리가 있다.

신문은 법률이 정하는 바에 따라 통지가 이루어지면 발행
할 수 있다. 시각 라디오 방송국 및 전자신문의 설립과 소
유 절차는 법률로 정한다.

제71조

어떠한 방식으로든 이집트의 신문과 언론매체를 검열, 압

(المادة ٦٩)

تلتزم الدولة بحماية حقوق الملكية الفكرية بشتى أنواعها في كافة المجالات، وتُنشئ جهازًا مختصًا لرعاية تلك الحقوق وحمايتها القانونية، وينظم القانون ذلك.

(المادة ٧٠)

حرية الصحافة والطباعة والنشر الورقي والمرئي والمسموع والإلكتروني مكفولة، وللمصريين من أشخاص طبيعية أو اعتبارية، عامة أو خاصة، حق ملكية وإصدار الصحف وإنشاء وسائل الإعلام المرئية والمسموعة، ووسائط الإعلام الرقمي.

وتصدر الصحف بمجرد الإخطار على النحو الذي ينظمه القانون. وينظم القانون إجراءات إنشاء وتملك محطات البث الإذاعي والمرئي والصحف الإلكترونية.

(المادة ٧١)

يُحظر بأي وجه فرض رقابة على الصحف ووسائل

수, 중지, 폐쇄하는 것은 금지된다. 다만 전쟁이나 총동원의 경우 이들에 대한 제한적인 검열은 예외적으로 허용된다.

보도나 공표로 인하여 발생한 범죄에 대해서는 자유를 박탈하는 처벌(구금)을 할 수 없다. 폭력 조장, 국민들 간의 차별 대우, 개인의 명예 훼손과 관련된 범죄의 처벌에 관한 내용은 법률로 정한다.

제72조

국가는 국가 소유 언론기관과 언론매체의 독립성을 보장해야 하고, 이들의 중립성과 모든 견해, 정치적·사상적 경향, 사회적 이해 관계에 관한 표현을 보장해야 한다. 또한 공적 견해에 대한 보도 기회를 동등하고 평등하게 보장해야 한다.

제73조

국민은 공적 모임, 행진, 시위, 평화적인 항의 등을 조직할

الإعلام المصرية أو مصادرتها أو وقفها أو إغلاقها. ويجوز استثناء فرض رقابة محددة عليها في زَمن الحرب أو التعبئة العامة.

ولا توقع عقوبة سالبة للحرية في الجرائم التي ترتكب بطريق النشر أو العلانية، أما الجرائم المتعلقة بالتحريض على العنف أو بالتمييز بين المواطنين أو بالطعن في أعراض الأفراد، فيحدد عقوباتها القانون.

(المادة ٧٢)

تلتزم الدولة بضمان استقلال المؤسسات الصحفية ووسائل الإعلام المملوكة لها، بما يكفل حيادها، وتعبيرها عن كل الآراء والاتجاهات السياسية والفكرية والمصالح الاجتماعية، ويضمن المساواة وتكافؤ الفرص في مخاطبة الرأي العام.

(المادة ٧٣)

للمواطنين حق تنظيم الاجتماعات العامة، والمواكب

권리가 있지만, 어떠한 종류의 무기도 휴대하지 않아야 하고, 법률이 정하는 방식에 따라 통지해야 한다.

평화적이고 사적인 모임의 권리는 사전통지 없이 보장되며, 보안군이 이러한 모임에 참석하거나 감시하거나 도청하는 것은 허용되지 않는다.

제74조

국민은 법률이 정하는 바에 따라 신고한 후에 정당을 설립할 권리가 있다.

종교를 토대로 한 정당 설립, 성이나 출생 또는 종파나 지리적 위치에 따른 차별, 민주주의 원칙에 적대적이거나 비밀스런 활동, 군사적이거나 준군사적인 성격과 관련된 정치적 행위는 허용되지 않는다.

정당[27]은 법원의 판결에 의해서만 해산될 수 있다.

والتظاهرات، وجميع أشكال الاحتجاجات السلمية، غير حاملين سلاحًا من أي نوع، بإخطار على النحو الذي ينظمه القانون.

وحق الاجتماع الخاص سلميًا مكفول، دون الحاجة إلى إخطار سابق، ولا يجوز لرجال الأمن حضوره أو مراقبته، أو التنصت عليه.

(المادة ٧٤)

للمواطنين حق تكوين الأحزاب السياسية، بإخطار ينظمه القانون.

ولا يجوز مباشرة أي نشاط سياسي، أو قيام أحزاب سياسية على أساس ديني، أو بناء على التفرقة بسبب الجنس أو الأصل أو على أساس طائفي أو جغرافي، أو ممارسة نشاط معاد لمبادئ الديمقراطية، أو سري، أو ذي طابع عسكري أو شبه عسكري.

ولا يجوز حل الأحزاب إلا بحكم قضائي.

제75조

국민은 민주적인 토대 위에 민간 기구 및 기관들을 구성할 권리가 있고, 신고한 후에 법인격을 획득할 수 있다.

민간 기구 및 기관들은 자유롭게 활동할 수 있으며, 법원의 판결이 아니고는 행정기관이 그들의 업무를 간섭하거나 그들을 해산하거나 그들의 이사회 또는 사무국을 해산시킬 수 없다.

민간 기구 및 기관들은 활동이 비밀스럽거나 군사적이거나 준군사적인 성격을 가진 경우 설립이나 지속이 금지된다. 정당의 해산은 법원의 판결에 의해서만 이루어질 수 있으며, 이에 관한 내용은 법률로 정한다.

제76조

민주적인 토대 위에 조합과 협회를 설립하는 것은 법률이 보장하는 권리이다. 이들은 법인으로서 자유롭게 활동하며, 구성원들 간의 능력 향상과 자신들의 권리 방어 및 이익 보호에 기여한다.

(المادة ٧٥)

للمواطنين حق تكوين الجمعيات والمؤسسات الأهلية على أساس ديمقراطي، وتكون لها الشخصية الاعتبارية بمجرد الإخطار.

وتمارس نشاطها بحرية، ولا يجوز للجهات الإدارية التدخل في شئونها، أو حلها أو حل مجالس إداراتها أو مجالس أمنائها إلا بحكم قضائي.

ويحظر إنشاء أو استمرار جمعيات أو مؤسسات أهلية يكون نظامها أو نشاطها سريًا أو ذا طابع عسكري أو شبه عسكري، ولا يجوز حل الأحزاب إلا بحكم قضائي وذلك كله على النحو الذي ينظمه القانون.

(المادة ٧٦)

إنشاء النقابات والاتحادات على أساس ديمقراطي حق يكفله القانون. وتكون لها الشخصية الاعتبارية، وتمارس نشاطها بحرية، وتسهم في رفع مستوى الكفاءة بين أعضائها والدفاع عن حقوقهم، وحماية مصالحهم.

국가는 조합과 협회의 독립을 보장해야 하고, 이사회의 해산은 법원의 판결에 의해서만 이루어 질 수 있다. 정부기관 내에 조합이나 협회를 설립하는 것은 허용되지 않는다.

제77조

민주적인 토대 위에 직업별 조합(노조)과 이사회를 설립하는 것은 법률로 정한다. 그들의 독립성은 보장되며, 그들의 자본금과 구성원의 등록 방식, 노조 활동에 대한 책임은 도덕적·직업적 윤리지침에 따라 정한다.

모든 직업군은 하나의 조합만을 설립할 수 있다. 위 조합에 대한 몰수나 업무에 대한 행정기관의 간섭은 허용되지 않으며, 이사회의 해산은 법원의 판결에 의해서만 이루어질 수 있다. 직무와 관련된 법안들에 대하여 위 조합은 의견을 제시할 수 있다.

제78조

국가는 국민들의 존엄성을 보호하고 사회정의를 구현하는

وتكفل الدولة استقلال النقابات والاتحادات، ولا يجوز حل مجالس إدارتها إلا بحكم قضائي، ولا يجوز إنشاء أي منها بالهيئات النظامية .

(المادة ٧٧)

ينظم القانون إنشاء النقابات المهنية وإدارتها على أساس ديمقراطي، ويكفل استقلالها ويحدد مواردها، وطريقة قيد أعضائها، ومساءلتهم عن سلوكهم في ممارسة نشاطهم المهني، وفقًا لمواثيق الشرف الأخلاقية والمهنية. ولا تنشأ لتنظيم المهنة سوى نقابة واحدة. ولا يجوز فرض الحراسة عليها أو تدخل الجهات الإدارية في شئونها، كما لا يجوز حل مجالس إدارتها إلا بحكم قضائي، ويؤخذ رأيها في مشروعات القوانين المتعلقة بها.

(المادة ٧٨)

تكفل الدولة للمواطنين الحق في المسكن الملائم والآمن

방식으로 적절하고 안전하며 건강한 주택권을 보장해야 한다.

국가는 환경의 특수성을 고려하여 국가 주거 계획을 수립해야 하며, 이를 실행함에 있어 개인과 집단의 적극적인 참여를 보장한다. 국가는 주거계획을 실행함에 있어서 공익 실현, 국민들의 삶의 질 향상, 미래 세대의 권리를 보호하고, 도시와 지방에 대한 포괄적인 건설 계획과 인구 분포 전략을 고려하여 토지 사용과 기본 시설을 확장해야 한다.

국가는 무분별한 문제들에 맞서기 위해 재개발 계획, 기본적·부수적 시설(인프라) 제공, 삶의 질 향상, 공중보건을 포함하는 포괄적인 국가 계획을 수립해야 한다. 또한 국가는 특정 기간 내에 계획 실행에 필요한 자원을 제공해야 한다.

제79조
모든 국민은 건강하고 충분한 음식과 깨끗한 물을 향유할

والصحي، بما يحفظ الكرامة الإنسانية ويحقق العدالة الاجتماعية.

وتلتزم الدولة بوضع خطة وطنية للإسكان تراعي الخصوصية البيئية، وتكفل إسهام المبادرات الذاتية والتعاونية في تنفيذها، وتنظيم استخدام أراضي الدولة ومدها بالمرافق الأساسية في إطار تخطيط عمراني شامل للمدن والقرى واستراتيجية لتوزيع السكان، بما يحقق الصالح العام وتحسين نوعية الحياة للمواطنين ويحفظ حقوق الأجيال القادمة.

كما تلتزم الدولة بوضع خطة قومية شاملة لمواجهة مشكلة العشوائيات تشمل إعادة التخطيط وتوفير البنية الأساسية والمرافق، وتحسين نوعية الحياة والصحة العامة، كما تكفل توفير الموارد اللازمة للتنفيذ خلال مدة زمنية محددة.

(المادة ٧٩)

لكل مواطن الحق في غذاء صحي وكاف، وماء نظيف،

권리가 있고, 국가는 모든 국민들에게 식량 자원을 제공해야 한다. 국가는 다음 세대의 권리를 보호하기 위해 지속 가능한 방식으로 식량 주권을 보장하고 농업적 · 생물학적 다양성과 국내의 식물 종들을 보호해야 한다.

제80조

18세에 달하지 않은 자는 미성년자로 간주한다. 모든 미성년자는 이름과 신분증을 가질 권리가 있고, 무료 의무 접종, 건강 보호 및 가족이나 대리인의 보호를 받을 권리가 있으며, 기본적인 영양, 안전한 피난처, 종교 교육 및 정서적 · 지적 발달을 위한 기회를 제공받을 권리가 있다.

국가는 장애가 있는 미성년자를 보호하고 그들의 재활과 사회 적응을 보장해야 한다.

국가는 미성년자에 대한 관심을 가지고 모든 형태의 폭력, 학대, 부당한 대우, 성적 · 상업적 착취로부터 그들을 보호해야 한다.

모든 미성년자는 6세까지 유년 센터에서 조기교육을 받을

وتلتزم الدولة بتأمين الموارد الغذائية للمواطنين كافة. كما تكفل السيادة الغذائية بشكل مستدام، وتضمن الحفاظ على التنوع البيولوجي الزراعي وأصناف النباتات المحلية للحفاظ على حقوق الأجيال.

(المادة ٨٠)

يعد طفلا كل من لم يبلغ الثامنة عشرة من عمره ، ولكل طفل الحق في اسم وأوراق ثبوتية، وتطعيم إجباري مجاني، ورعاية صحية وأسرية أو بديلة، وتغذية أساسية، ومأوى آمن، وتربية دينية، وتنمية وجدانية ومعرفية.

وتكفل الدولة حقوق الأطفال ذوي الإعاقة وتأهيلهم واندماجهم في المجتمع.

وتلتزم الدولة برعاية الطفل وحمايته من جميع أشكال العنف والإساءة وسوء المعاملة والاستغلال الجنسي والتجاري.

لكل طفل الحق في التعليم المبكر في مركز للطفولة

권리가 있다. 기초교육이 완료되는 연령 이전의 미성년자를 고용하는 것은 금지되며, 그들을 위험에 노출되는 직업에 고용하는 것도 금지된다.

국가는 미성년 피해자와 증인을 위한 특별 사법제도를 수립해야 한다. 법률과 법률에 정해진 기간에 의하지 아니하고는 미성년자에게 형사 책임을 지우거나 그들을 구금하는 것은 허용되지 아니한다. 또한 국가는 미성년자에게 법적 도움을 제공해야 하며, 성인을 구금하는 장소와 분리된 장소에 미성년자를 구금해야 한다.

국가는 모든 절차를 채택함에 있어 미성년자에게 우호적인 복리를 실현하기 위해 노력해야 한다.

제81조

국가는 건강·경제·사회·문화·오락·스포츠·교육 측면에서 장애인과 난쟁이의 권리를 보장해야 한다. 국가는 그들에게 일정 비율을 할당하여 노동의 기회를 제공하고, 공중시설과 주변 환경을 갖추며, 그들이 모든 정치적 권리

حتى السادسة من عمره، ويحظر تشغيل الطفل قبل تجاوزه سن إتمام التعليم الاساسي، كما يحظر تشغيله في الأعمال التي تعرضه للخطر.

كما تلتزم الدولة بإنشاء نظام قضائي خاص بالأطفال المجني عليهم، والشهود. ولا يجوز مساءلة الطفل جنائيا أو احتجازه إلا وفقا للقانون وللمدة المحددة فيه. وتوفر له المساعدة القانونية، ويكون احتجازه في أماكن مناسبة ومنفصلة عن أماكن احتجاز البالغين. وتعمل الدولة على تحقيق المصلحة الفضلي للطفل في كافة الإجراءات التي تتخذ حياله.

(المادة ٨١)

تلتزم الدولة بضمان حقوق الأشخاص ذوي الإعاقة والأقزام، صحيا واقتصاديا واجتماعيا وثقافيا وترفيهيا ورياضيا وتعليميا، وتوفير فرص العمل لهم، مع تخصيص نسبة منها لهم، وتهيئة المرافق العامة والبيئة المحيطة بهم،

를 행사할 수 있도록 하고, 다른 국민들과도 융화되도록
하며, 평등과 공정과 기회 균등의 원칙이 달성되도록 보장
해야 한다.

제82조

국가는 청소년을 보호하고 그들의 재능을 발굴하며, 문화
적·과학적·심리적·육체적·창의적 능력을 향상시키
고, 단체 및 자원 활동을 격려하며, 그들이 공공생활에 참
여할 수 있도록 노력한다.

제83조

국가는 건강·경제·문화·오락의 측면에서 노인의 권리
를 보장해야 하고, 그들에게 적절한 연금을 제공하여 품위
있는 생활과 공공생활에 참여할 수 있도록 보장한다. 국가
는 공중시설을 계획함에 있어 노인들의 필요를 고려해야
하며, 시민 사회 단체가 노인 돌보기에 참여하도록 장려한
다.

وممارستهم لجميع الحقوق السياسية، ودمجهم مع غيرهم من المواطنين، إعمالا لمبادئ المساواة والعدالة وتكافؤ الفرص.

(المادة ٨٢)

تكفل الدولة رعاية الشباب والنشىء، وتعمل على اكتشاف مواهبهم، وتنمية قدراتهم الثقافية والعلمية والنفسية والبدنية والإبداعية، وتشجيعهم على العمل الجماعي والتطوعي، وتمكينهم من المشاركة في الحياة العامة.

(المادة ٨٣)

تلتزم الدولة بضمان حقوق المسنين صحيًا، واقتصاديًا، واجتماعيًا، وثقافيًا، وترفيهيًا وتوفير معاش مناسب يكفل لهم حياة كريمة، وتمكينهم من المشاركة في الحياة العامة. وتراعي الدولة في تخطيطها للمرافق العامة احتياجات المسنين، كما تشجع منظمات

이에 관한 내용은 법률로 정한다.

제84조

스포츠 활동은 모든 사람들의 권리이고, 국가 기관 및 사회는 스포츠 영재를 발굴하고 그들을 후원하며, 스포츠 연마를 장려하기 위해 필요한 대책을 마련해야 한다.

스포츠 업무 및 민간 스포츠 단체는 국제 기준과 스포츠 분쟁 해결 방식에 따라 법률로 정한다.

제85조

모든 개인은 문서와 서명으로 공공기관에 청원할 권리가 있지만, 법인을 제외한 단체는 청원할 수 없다.

المجتمع المدني على المشاركة في رعاية المسنين.
وذلك كله على النحو الذي ينظمه القانون.

(المادة ٨٤)

ممارسة الرياضة حق للجميع، وعلى مؤسسات الدولة
والمجتمع اكتشاف الموهوبين رياضيًا ورعايتهم، واتخاذ
ما يلزم من تدابير لتشجيع ممارسة الرياضة.
وينظم القانون شئون الرياضة والهيئات الرياضية الأهلية
وفقا للمعايير الدولية، وكيفية الفصل في المنازعات
الرياضية.

(المادة ٨٥)

لكل فرد حق مخاطبة السلطات العامة كتابة وبتوقيعه،
ولا تكون مخاطبتها باسم الجماعات إلا للأشخاص
الاعتبارية.

제86조

국가안보에 대한 보호는 의무이고 이의 준수에 대한 모든 책임은 법률이 보장하는 국가의 책임이다. 국가 방위와 영토 보호는 명예이자 신성한 의무이며, 병역[28]은 법률에 따른 의무이다.

제87조

국가는 국민이 공공생활에 참여할 수 있도록 하여야 하며, 모든 국민은 투표권, 입후보권, 국민투표에서 의견을 표명할 권리가 있다. 이러한 권리는 법률로 직접 규정하고, 이 의무 수행의 면제는 법률이 정하는 제한된 경우에 한한다. 국가는 유권자의 조건이 충족되면 요청이 없어도 유권자 명부에 모든 국민의 이름을 포함시켜야 하고, 법률이 정하는 바에 따라 정기적으로 이 명부를 삭제해야 한다. 국가는 국민투표와 선거 절차의 안전성·중립성·청렴성을 보장하고, 공공기금, 정부 부서, 공공시설, 예배 장소, 재계 및 민간 협회 및 기구가 정치적 목적이나 선거 선전에 사

(المادة ٨٦)

الحفاظ على الأمن القومي واجب، والالتزام الكافة
بمراعاته مسئولية وطنية، يكفلها القانون. والدفاع
عن الوطن، وحماية أرضه شرف وواجب مقدس،
والتجنيد إجباري وفقًا للقانون.

(المادة ٨٧)

مشاركة المواطن في الحياة العامة واجب وطني، ولكل
مواطن حق الانتخاب والترشح وإبداء الرأي في
الاستفتاء، وينظم القانون مباشرة هذه الحقوق، ويجوز
الإعفاء من أداء هذا الواجب في حالات محددة يبينها
القانون.

وتلتزم الدولة بإدراج اسم كل مواطن بقاعدة بيانات
الناخبين دون طلب منه، متى توافرت فيه شروط
الناخب، كما تلتزم بتنقية هذه القاعدة بصورة
دورية وفقا للقانون. وتضمن الدولة سلامة إجراءات
الاستفتاءات والانتخابات وحيدتها ونزاهتها، ويحظر

용하는 것을 금지해야 한다.

제88조

국가는 해외에 거주하는 이집트인들의 이익을 보호하고 그들의 권리와 자유를 보장하며, 그들이 국가와 사회에 대한 공적 의무를 수행하고 조국의 발전에 기여할 수 있도록 해야 한다.

해외에 거주하는 이집트인들의 선거와 국민투표에서의 투표 참여, 개표, 결과 발표에 관한 내용은 법률로 정한다.

법률은 투표와 개표 및 이 헌법에 규정된 결과 공포 규정에 제한됨이 없이 그들이 특정 상황에 일치하는 방식으로 선거와 국민투표에 참여하도록 규정한다. 선거나 국민투표 과정의 투명성과 중립성은 보장된다.

استخدام المال العام والمصالح الحكومية والمرافق العامة ودور العبادة ومؤسسات قطاع الأعمال والجمعيات والمؤسسات الأهلية في الأغراض السياسية أو الدعاية الانتخابية.

(المادة ٨٨)

تلتزم الدولة برعاية مصالح المصريين المقيمين بالخارج، وحمايتهم وكفالة حقوقهم وحرياتهم، وتمكينهم من أداء واجباتهم العامة نحو الدولة والمجتمع وإسهامهم في تنمية الوطن.

وينظم القانون مشاركتهم في الانتخابات والاستفتاءات، بما يتفق والأوضاع الخاصة بهم، دون التقيد في ذلك بأحكام الاقتراع والفرز وإعلان النتائج المقررة بهذا الدستور، وذلك كله مع توفير الضمانات التي تكفل نزاهة عملية الانتخاب أو الاستفتاء وحيادها.

제89조

모든 형태의 노예제, 강요, 인간에 대한 강제 착취, 성 매매, 기타 인신매매는 금지되고, 이에 대한 위반은 법률로써 처벌한다.

제90조

국가는 과학 · 문화 · 보건 · 사회 기타 기관 등의 설립과 후원을 위하여 자선 와끄프[29] 시스템 구축을 장려하고 그들의 독립성을 보장한다. 와끄프의 업무는 기증자가 정한 조건에 따라 관리되어야 하고, 이에 관한 내용은 법률로 정한다.

제91조

국가는 국민의 이익, 인권, 평화, 정의 수호를 이유로 박해받는 외국인들에게 정치적 망명의 권리를 허용한다.
정치적 난민을 인도하는 것은 금지되며, 이에 관한 내용은 법률로 정한다.

(المادة ٨٩)

تُحظر كل صور العبودية والاسترقاق والقهر والاستغلال القسري للإنسان، وتجارة الجنس، وغيرها من أشكال الاتجار في البشر، ويجرم القانون كل ذلك.

(المادة ٩٠)

تلتزم الدولة بتشجيع نظام الوقف الخيري لإقامة ورعاية المؤسسات العلمية، والثقافية، والصحية، والاجتماعية وغيرها، وتضمن استقلاله، وتدار شئونه وفقا لشروط الواقف، وينظم القانون ذلك.

(المادة ٩١)

للدولة أن تمنح حق اللجوء السياسى لكل أجنبي اضطهد بسبب الدفاع عن مصالح الشعوب أو حقوق الإنسان أو السلام أو العدالة.

وتسليم اللاجئين السياسيين محظور، وذلك كله وفقًا

제92조

국민의 권리와 자유는 정지하거나 축소할 수 없다.

권리와 자유의 행사를 규정하는 법률이라도 권리와 자유
의 본질적인 내용을 침해할 수 없다.

제93조

국가는 이집트가 비준한 국제 인권 협약, 조약, 헌장을 준
수하며, 명시된 조건에 따라 공포 이후에 법률과 같은 효
력을 가진다.

للقانون.

(المادة ٩٢)

الحقوق والحريات اللصيقة بشخص المواطن لا تقبل تعطيلًا ولا انتقاصًا.

ولا يجوز لأي قانون ينظم ممارسة الحقوق والحريات أن يقيدها بما يمس أصلها وجوهرها.

(المادة ٩٣)

تلتزم الدولة بالاتفاقيات والعهود والمواثيق الدولية لحقوق الإنسان التي تصدق عليها مصر، وتصبح لها قوة القانون بعد نشرها وفقًا للأوضاع المقررة.

제4장
법주권

제94조

법주권은 국가 통치의 기본이다.

국가는 법률, 사법부의 독립 · 면책 · 중립, 권리 및 자유 보호를 위한 기본적인 보장책을 준수한다.

제95조

형벌은 일신에 전속하며, 범죄의 성립과 처벌은 법률에 의한다. 법원의 판결이 없는 한 처벌할 수 없으며, 법률 발효일 이후의 행위가 아니고는 처벌할 수 없다.

제96조

피고인은 공정한 법정에서 유죄로 입증될 때까지 무죄이며, 피고인에게는 방어권이 보장된다.

الباب الرابع
سيادة القانون

(المادة ٩٤)

سيادة القانون أساس الحكم في الدولة.

وتخضع الدولة للقانون، واستقلال القضاء، وحصانته، وحيدته، ضمانات أساسية لحماية الحقوق والحريات.

(المادة ٩٥)

العقوبة شخصية، ولا جريمة ولا عقوبة إلا بناء على قانون، ولا توقع عقوبة إلا بحكم قضائي، ولا عقاب إلا على الأفعال اللاحقة لتاريخ نفاذ القانون.

(المادة ٩٦)

المتهم برئ حتى تثبت إدانته في محاكمة قانونية عادلة، تكفل له فيها ضمانات الدفاع عن نفسه.

중대 범죄에 관한 판결에 대한 항소는 법률로 정한다.

국가는 필요한 경우에 법률이 정하는 바에 따라 피해자, 증인, 피고인, 제보자를 보호해야 한다.

제97조

누구든지 소를 제기할 권리가 있다. 국가는 소송 당사자들의 화해와 신속한 판결을 위해 노력해야 한다. 어떤 행위나 행정 결정이 사법부의 감독으로부터 제외되는 것은 금지된다. 개인은 일반 판사(조정 판사) 앞에서 재판을 받아야 하며, 특별법원에서 재판을 받는 것은 금지된다.

제98조

직접 또는 대리인에 의한 방어권은 보장된다. 변호인의 독립성과 권리의 보호는 방어권으로서 보장된다.

재정적인 능력이 없는 사람들을 위해 법률로 방어권을 보장한다.

وينظم القانون استئناف الأحكام الصادرة في الجنايات. وتوفر الدولة الحماية للمجني عليهم والشهود والمتهمين والمبلغين عند الاقتضاء، وفقًا للقانون.

(المادة ٩٧)

التقاضي حق مصون ومكفول للكافة. وتلتزم الدولة بتقريب جهات التقاضي، وتعمل على سرعة الفصل في القضايا، ويحظر تحصين أي عمل أو قرار إداري من رقابة القضاء، ولا يحاكم شخص إلا أمام قاضيه الطبيعي، والمحاكم الاستثنائية محظورة.

(المادة ٩٨)

حق الدفاع أصالة أو بالوكالة مكفول. واستقلال المحاماة وحماية حقوقها ضمان لكفالة حق الدفاع. ويضمن القانون لغير القادرين ماليًا وسائل الالتجاء إلى القضاء، والدفاع عن حقوقهم.

제99조

헌법과 법률이 보장하는 국민의 사적 자유, 생명의 존엄성, 기타 공적 권리와 자유에 대한 침해는 형사 및 민사 소송에서 시효가 없는 범죄에 해당한다. 피해자는 직접 형사소송을 제기할 수 있다.

국가는 피해를 당한 사람에게 공정한 보상을 보장하고, 국가인권위원회는 이러한 권리 침해 사실을 검찰에 통보해야 한다. 국가인권위원회는 피해자의 요청이 있을 경우 피해자 측의 민사소송에 관여할 수 있다. 이에 관한 내용은 법률로 정한다.

제100조

판결은 국민의 이름으로 공포되고 집행되며, 국가는 법률이 정하는 바에 따라 그 집행 수단을 보장한다.

공무원이 판결의 집행을 회피하거나 지연하는 것은 법률이 처벌하는 범죄이다. 이러한 경우 재판에서 승소한 당사

(المادة ٩٩)

كل اعتداء على الحرية الشخصية أو حرمة الحياة الخاصة للمواطنين، وغيرها من الحقوق والحريات العامة التي يكفلها الدستور والقانون، جريمة لا تسقط الدعوى الجنائية ولا المدنية الناشئة عنها بالتقادم، وللمضرور إقامة الدعوى الجنائية بالطريق المباشر.

وتكفل الدولة تعويضا عادلا لمن وقع عليه الاعتداء، وللمجلس القومي لحقوق الإنسان إبلاغ النيابة عن أي انتهاك لهذه الحقوق، وله أن يتدخل في الدعوى المدنية منضمًا إلى المضرور بناء على طلبه، وذلك كله على الوجه المبين بالقانون.

(المادة ١٠٠)

تصدر الأحكام وتنفذ باسم الشعب، وتكفل الدولة وسائل تنفيذها على النحو الذي ينظمه القانون.

ويكون الامتناع عن تنفيذها أو تعطيل تنفيذها من جانب الموظفين العموميين المختصين، جريمة يعاقب

자는 관할 법원에 직접 형사소송을 제기할 수 있다. 승소한 당사자의 요청이 있을 경우 검사는 판결의 집행을 회피하거나 지연한 공무원을 기소하여야 한다.

عليها القانون، وللمحكوم له في هذه الحالة حق رفع الدعوى الجنائية مباشرة إلى المحكمة المختصة. وعلى النيابة العامة بناءً على طلب المحكوم له، تحريك الدعوى الجنائية ضد الموظف الممتنع عن تنفيذ الحكم أو المتسبب في تعطيله.

제5장
통치시스템

제1절
입법부(의회)

제101조

의회는 입법권을 가지며, 국가의 일반정책, 경제·사회 성장을 위한 일반계획 및 일반예산을 승인하고, 행정부 업무를 감독한다. 이에 관한 내용은 헌법으로 정한다.

제102조

의회는 일반·비밀·직접 투표로 선출되는 450명 이상의 의원으로 구성된다.

الباب الخامس
نظام الحكم

الفصل الأول
السلطة التشريعية(مجلس النواب)

(المادة ١٠١)

يتولى مجلس النواب سلطة التشريع، وإقرار السياسة العامة للدولة، والخطة العامة للتنمية الاقتصادية، والاجتماعية، والموازنة العامة للدولة، ويمارس الرقابة على أعمال السلطة التنفيذية، وذلك كله على النحو المبين في الدستور.

(المادة ١٠٢)

يشكل مجلس النواب من عدد لا يقل عن أربعمائة وخمسين عضوا، ينتخبون بالاقتراع العام السرى

의회 입후보자는 시민적·정치적 권리를 가진 자로서 최소한 기초교육을 수료한 이집트인이어야 하며, 후보자 등록일 현재 25세에 달하여야 한다.

기타 입후보 조건, 선거제도 및 선거구 분할은 거주민 및 주(州)의 공정한 대표성과 투표자수에 상응하는 대표성을 고려하여 법률로 정한다. 개별선거제나 명부선거제 또는 둘 간의 비율을 혼합하는 선거제를 택할 수 있다.

대통령은 5%를 초과하지 않는 수의 의원을 임명할 수 있고, 그들의 지명 방식은 법률로 정한다.

제103조

의원은 의회 업무에 전념해야 하고, 법률이 정한 바에 따라 자신의 직책과 임무를 준수한다.

المباشر.

ويشترط في المترشح لعضوية المجلس أن يكون مصريًا، متمتعا بحقوقه المدنية والسياسية، حاصلًا على شهادة إتمام التعليم الأساسي على الأقل، وألا تقل سنه يوم فتح باب الترشح عن خمس وعشرين سنة ميلادية. ويبين القانون شروط الترشح الأخرى، ونظام الانتخاب، وتقسيم الدوائر الانتخابية، بما يراعي التمثيل العادل للسكان، والمحافظات، والتمثيل المتكافئ للناخبين، ويجوز الأخذ بالنظام الانتخابي الفردي أو القائمة أو الجمع بأي نسبة بينهما.

كما يجوز لرئيس الجمهورية تعيين عدد من الأعضاء في مجلس النواب لا يزيد على ٥٪ ويحدد القانون كيفية ترشيحهم.

(المادة ١٠٣)

يتفرغ عضو مجلس النواب لمهام العضوية، ويحتفظ له بوظيفته أو عمله وفقًا للقانون.

제104조

의원은 임기 시작 전에 의회에서 다음의 선서를 해야 한다. "나는 공화제를 성실히 수호하고, 헌법과 법률을 준수하며, 국민의 이익을 최대로 보호하고, 국가의 독립·통합·영토의 안전을 수호할 것을 위대한 알라께 맹세합니다."

제105조

의원은 법률이 정하는 보수를 받는다. 의원 보수 규정이 개정된 경우, 개정안은 개정이 결정되는 회기의 다음 입법 회기 시작까지 효력이 발생하지 않는다.

제106조

의원의 임기는 서력으로 5년이고 첫 번째 회기일로부터 시작된다.

새 의회 선거는 임기 종료 60일 이전에 한다.

(المادة ١٠٤)

يشترط أن يؤدي العضو أمام مجلس النواب، قبل أن
يباشر عمله، اليمين الآتية ''أقسم بالله العظيم أن أحافظ
مخلصا على النظام الجمهوري، وأن أحترم الدستور
والقانون، وأن أرعى مصالح الشعب رعاية كاملة، وأن
أحافظ على استقلال الوطن ووحدة وسلامة أراضيه''.

(المادة ١٠٥)

يتقاضى العضو مكافأة يحددها القانون، وإذا جرى
تعديل المكافأة، لا ينفذ التعديل إلا بدءًا من الفصل
التشريعي التالي للفصل الذي تقرر فيه.

(المادة ١٠٦)

مدة عضوية مجلس النواب خمس سنوات ميلادية، تبدأ
من تاريخ أول اجتماع له.
ويجري انتخاب المجلس الجديد خلال الستين يومًا
السابقة على انتهاء مدته.

제107조

파기원[30]은 의원의 자격심사를 전담하고, 상소[31]는 선거의 최종 결과가 공포된 날로부터 30일 이내에 파기원에 제출되어야 한다. 판결은 상소가 파기원에 도착한 날로부터 60일 이내에 하여야 한다.

의원 자격이 무효로 판결된 경우, 그 판결이 의회에 통보된 날부터 효력이 발생한다.

제108조

임기가 종료되기 전 최소 6개월 동안 의회에 결원이 발생한 경우, 의회가 결원을 결정한 날로부터 60일 이내에 법률이 정한 바에 따라 충원해야 한다.

제109조

의원이 임기 중에 직접 또는 중개인을 통해서 국가, 공공법인, 공공부문회사, 공공사업부문의 재산 중 그 어떠한

(المادة ١٠٧)

تختص محكمة النقض بالفصل في صحة عضوية أعضاء مجلس النواب، وتقدم إليها الطعون خلال مدة لا تجاوز ثلاثين يومًا من تاريخ إعلان النتيجة النهائية للانتخاب، وتفصل في الطعن خلال ستين يومًا من تاريخ وروده إليها.

وفي حالة الحكم ببطلان العضوية، تبطل من تاريخ إبلاغ المجلس بالحكم.

(المادة ١٠٨)

إذا خلا مكان عضو بمجلس النواب، قبل انتهاء مدته بستة أشهر على الأقل، وجب شغل مكانه طبقًا للقانون، خلال ستين يومًا من تاريخ تقرير المجلس خلو المكان.

(المادة ١٠٩)

لا يجوز لعضو المجلس طوال مدة العضوية، أن يشتري، أو يستأجر، بالذات أو بالواسطة، شيئًا من أموال

것을 매수하거나 임대하는 것은 허용되지 않는다. 또한 의원은 자신의 재산을 상기에 언급한 기관들에게 임대, 판매, 교환할 수 없으며, 공급, 청부, 기타 계약도 체결할 수 없다. 이러한 행위는 모두 무효로 간주된다.

의원은 임기 시작 시와 종료 시 그리고 매년 연말에 재산 공개신고서를 제출해야 한다.

의원이 직무와 관련하여 현금이나 현물 선물을 받은 경우 소유권은 국고로 귀속된다.

이에 관한 내용은 법률로 정한다.

제110조

의원이 신뢰와 존경을 상실하였거나, 당선 요건 중 하나를 상실하였거나 또는 의원의 의무를 위반한 경우가 아닌 한 의원직은 박탈되지 아니한다.

의원직 박탈은 의원 3분의 2의 다수로 공포된다.

الدولة، أو أي من أشخاص القانون العام أو شركات القطاع العام، أو قطاع الأعمال العام، ولا يؤجرها أو يبيعها شيئًا من أمواله، أو يقايضها عليه، ولا يبرم معها عقد التزام، أو توريد، أو مقاولة، أو غيرها، ويقع باطلًا أي من هذه التصرفات.

ويتعين على العضو تقديم إقرار ذمة مالية، عند شغل العضوية، وعند تركها، وفي نهاية كل عام.

وإذا تلقى هدية نقدية أو عينية، بسبب العضوية أو بمناسبتها، تؤول ملكيتها إلى الخزانة العامة للدولة.

وكل ذلك على النحو الذي ينظمه القانون.

(المادة ١١٠)

لا يجوز إسقاط عضوية أحد الأعضاء إلا إذا فقد الثقة والاعتبار، أو فقد أحد شروط العضوية التي انتخب على أساسها، أو أخل بواجباتها.

ويجب أن يصدر قرار إسقاط العضوية من مجلس النواب بأغلبية ثلثي أعضائه.

제111조

의회는 의원들의 사직서를 수락한다. 사직서는 서면으로 제출되어야 하고, 사직서의 수락은 의회가 해당 의원에 대한 의원직 박탈 절차를 시작하지 않는다는 것을 전제로 한다.

제112조

의원은 의회나 위원회의 업무 수행과 관련하여 표명한 의견에 대해서는 책임을 지지 않는다.

제113조

의원은 현행범인 경우를 제외하고는, 의회의 사전 허가 없이 중범죄 및 경범죄 조항에 따른 형사 소추 및 집행을 당하지 아니한다.

회기가 아닌 경우 의회 사무처의 허가를 얻어야 하고, 회기가 시작되면 의회는 절차의 채택 여부를 통보해야 한다.

의원에 대한 형사 절차의 채택 요청은 최대 30일 이내에

(المادة ١١١)

يقبل مجلس النواب استقالة أعضائه، ويجب أن تقدم مكتوبة، ويشترط لقبولها ألا يكون المجلس قد بدأ في اتخاذ إجراءات إسقاط العضوية ضد العضو.

(المادة ١١٢)

لا يسأل عضو مجلس النواب عما يبديه من آراء تتعلق بأداء أعماله في المجلس أو في لجانه.

(المادة ١١٣)

لا يجوز في غير حالة التلبس بالجريمة، اتخاذ أي إجراء جنائي ضد عضو مجلس النواب في مواد الجنايات والجنح إلا بإذن سابق من المجلس.

وفي غير دور الانعقاد، يتعين أخذ إذن مكتب المجلس، ويخطر المجلس عند أول انعقاد بما اتخذ من إجراء.

وفي كل الأحوال يتعين البت في طلب اتخاذ الإجراء

결정되어야 하고, 그렇지 않으면 요청은 수락된 것으로 간주된다.

제114조

의회는 카이로에 둔다.

예외적인 상황에서는 대통령의 요청 또는 의원 3분의 1의 요청에 따라 다른 장소에서 회의를 개최할 수 있다.

이를 위반한 의회 회의와 그곳에서 선포된 결정은 무효이다.

제115조

대통령은 10월 첫 번째 목요일 이전에 의회에 연례 정기회 개최를 요청하고, 요청이 없으면 의회는 헌법에 따라 상기 언급된 날에 개회한다.

정기회는 최소 9개월 동안 지속되고, 대통령은 의회의 국가 일반예산 승인이 이루어진 후에 의회의 동의를 얻어 회

الجنائي ضد العضو خلال ثلاثين يومًا على الأكثر، وإلا عُد الطلب مقبولًا.

(المادة ١١٤)

مقر مجلس النواب مدينة القاهرة.

ويجوز له في الظروف الاستثنائية عقد جلساته في مكان آخر، بناءً على طلب رئيس الجمهورية، أو ثلث عدد أعضاء المجلس.

واجتماع المجلس على خلاف ذلك، وما يصدر عنه من قرارات، باطل.

(المادة ١١٥)

يدعو رئيس الجمهورية مجلس النواب للانعقاد للدور العادي السنوي قبل يوم الخميس الأول من شهر أكتوبر، فإذا لم تتم الدعوة، يجتمع المجلس بحكم الدستور في اليوم المذكور.

ويستمر دور الانعقاد العادي لمدة تسعة أشهر على

기를 종료할 수 있다.

제116조

의회는 대통령의 요청 또는 최소 10분의 1의 의원이 서명한 요청에 따라 긴급 사안을 검토하기 위한 임시회를 소집할 수 있다.

제117조

의회는 연례 정기회의 첫 번째 회의에서 한 명의 의장과 두 명의 부의장을 의원들 중에서 선출하고, 두 자리 중 어느 자리가 공석이 된 사람을 선출하며, 선거 원칙과 절차는 의회 내규로 정한다. 의원의 의무를 위반한 경우, 의원 3분의 1의 찬성으로 면직을 요청할 수 있고, 의원 3분의 2의 찬성으로 이를 승인한다.

의장과 부의장은 두 번의 입법 기간보다 더 이상 연속해서

الأقل، ويفض رئيس الجمهورية دور الانعقاد بعد موافقة المجلس، ولا يجوز ذلك للمجلس قبل اعتماد الموازنة العامة للدولة.

(المادة ١١٦)

يجوز انعقاد مجلس النواب في اجتماع غير عادي لنظر أمر عاجل، بناءً على دعوة من رئيس الجمهورية، أو طلب موقع من عُشر أعضاء المجلس على الأقل.

(المادة ١١٧)

ينتخب مجلس النواب رئيسًا ووكيلين من بين أعضائه في أول اجتماع لدور الانعقاد السنوي العادي لمدة فصل تشريعي، فإذا خلا مكان أحدهم، ينتخب المجلس من يحل محله، وتحدد اللائحة الداخلية للمجلس قواعد وإجراءات الانتخاب، وفي حالة إخلال أحدهم بالتزامات منصبه، يكون لثلث أعضاء المجلس طلب إعفائه، ويصدر القرار بأغلبية ثلثي الأعضاء.

선출될 수 없다.

제118조

의회는 직무 조정, 권한 행사 방법, 내부 질서 유지를 위한 내규를 정하고, 이는 법률로 공포한다.

제119조

의회는 내부의 질서 유지를 책임지고, 의장이 이를 통할한다.

제120조

의회 회의는 공개한다.

의회는 대통령, 총리, 의회 의장, 최소 20명 이상의 의원 요청이 있을 경우 비공개 회의를 개최할 수 있다. 의회는 안건에 대한 토의의 공개나 비공개 진행 여부를 의원 다수결

وفي جميع الأحوال لا يجوز انتخاب الرئيس أو أي من الوكيلين لأكثر من فصلين تشريعيين متتاليين.

(المادة ١١٨)

يضع مجلس النواب لائحته الداخلية لتنظيم العمل فيه، وكيفية ممارسته لاختصاصاته، والمحافظة على النظام داخله، وتصدر بقانون.

(المادة ١١٩)

يختص مجلس النواب بالمحافظة على النظام داخله، ويتولى ذلك رئيس المجلس.

(المادة ١٢٠)

جلسات مجلس النواب علنية.

ويجوز انعقاد المجلس في جلسة سرية، بناءً على طلب رئيس الجمهورية، أو رئيس مجلس الوزراء، أو رئيس المجلس، أو عشرين من أعضائه على الأقل، ثم يقرر

로 결정한다.

제121조

회의 개최와 결의안 채택은 의원 다수가 참석하지 아니하면 유효한 것으로 간주되지 않는다.

특별히 다수를 조건으로 하지 않는 경우, 출석 의원 절대 다수로 결의안이 공포되고, 가부동수일 경우에는 부결된 것으로 간주된다.

헌법을 보완하는 법률은 의원 3분의 2의 동의로 공포된다.

대통령 선거, 의회 선거, 지방 선거, 정당, 사법부 및 사법 기구들, 헌법에 규정된 권리와 자유를 규정하는 규제 법률은 헌법을 보완하는 법률로 간주된다.

المجلس بأغلبية أعضائه ما إذا كانت المناقشة في الموضوع المطروح أمامه تجري في جلسة علنية أو سرية.

(المادة ١٢١)

لا يكون انعقاد المجلس صحيحًا، ولا تتخذ قراراته، إلا بحضور أغلبية أعضائه.

وفي غير الأحوال المشترط فيها أغلبية خاصة، تصدر القرارات بالأغلبية المطلقة للحاضرين، وعند تساوي الآراء، يعتبر الأمر الذي جرت المداولة في شأنه مرفوضًا.

وتصدر الموافقة على القوانين بالأغلبية المطلقة للحاضرين، وبما لا يقل عن ثلث عدد أعضاء المجلس.

كما تصدر القوانين المكملة للدستور بموافقة ثلثي عدد أعضاء المجلس.

وتعد القوانين المنظمة للانتخابات الرئاسية، والنيابية، والمحلية، والأحزاب السياسية، والسلطة القضائية، والمتعلقة بالجهات والهيئات القضائية، والمنظمة للحقوق والحريات الواردة في الدستور، مكملة له.

제122조

대통령, 내각, 의원은 법률을 제안할 수 있다.

정부나 의원 10분의 1이 제안한 모든 법률안은 조사 및 의회로의 결의안 제출을 위해 의회 내 전문위원회에 회부된다. 위원회는 사안에 대해 전문가로부터 의견을 구할 수 있다.

의원이 제출한 법률안은 제안위원회와 의회가 동의하지 않는다면 전문위원회에 회부될 수 없다. 제안위원회가 법안을 거부할 경우, 위원회의 결정은 타당한 이유가 있는 것으로 보아야만 한다.

의회가 거부한 모든 법안이나 법률 제안은 동일한 회기에 다시 제출할 수 없다.

제123조

대통령은 법률을 공포하거나 거부할 수 있다.

대통령이 의회가 결의한 법률안을 거부할 때에는 의회로

(المادة ١٢٢)

لرئيس الجمهورية، ولمجلس الوزراء، ولكل عضو في مجلس النواب اقتراح القوانين.

ويحال كل مشروع قانون مقدم من الحكومة أو من عُشر أعضاء المجلس إلى اللجان النوعية المختصة بمجلس النواب، لفحصه وتقديم تقرير عنه إلى المجلس، ويجوز للجنة أن تستمع إلى ذوي الخبرة في الموضوع.

ولا يحال الاقتراح بقانون المقدم من أحد الأعضاء إلى اللجنة النوعية، إلا إذا أجازته اللجنة المختصة بالمقترحات، ووافق المجلس على ذلك، فإذا رفضت اللجنة الاقتراح بقانون وجب أن يكون قرارها مسببًا.

وكل مشروع قانون أو اقتراح بقانون رفضه المجلس، لا يجوز تقديمه ثانية في دور الانعقاد نفسه.

(المادة ١٢٣)

لرئيس الجمهورية حق إصدار القوانين أو الاعتراض عليها.

부터 법률안을 통보받은 날로부터 30일 이내에 의회에 이를 송부해야 한다. 이 기간에 법률안이 송부되지 않으면 (이 법률안은) 법률로 간주되어 공포된다.

이 기간 내에 의회에 송부되고 의원 3분의 2 이상의 찬성으로 승인되면 이는 법률로 간주되어 공포된다.

제124조

국가의 일반예산은 국가의 모든 수입과 지출을 예외 없이 포함하고, 예산안은 적어도 회계연도 시작 90일 이전까지 의회로 제출되어야 한다. 예산안이 승인되지 않으면 예산은 효력이 없게 되고, 각 장 단위로 표결해야 한다.

의회는 법률안에 언급되어 있는 지출(비용)을 수정할 수 있으나, 국가의 특별한 의무 이행에 관한 것은 그러하지 아니한다.

수정안이 총지출의 증가를 초래할 경우, 의회는 양측의 재균형을 이룰 수 있는 수입원 확보 대책에 대해 정부와 합

وإذا اعترض رئيس الجمهورية على مشروع قانون أقره مجلس النواب، رده إليه خلال ثلاثين يومًا من إبلاغ المجلس إياه، فإذا لم يرد مشروع القانون في هذا الميعاد اعتبر قانونًا وأصدر.

وإذا رد في الميعاد المتقدم إلى المجلس، وأقره ثانية بأغلبية ثلثي أعضائه، اعتبر قانونًا وأصدر.

(المادة ١٢٤)

تشمل الموازنة العامة للدولة كافة إيراداتها ومصروفاتها دون استثناء، ويُعرض مشروعها على مجلس النواب قبل تسعين يومًا على الأقل من بدء السنة المالية، ولا تكون نافذة إلا بموافقته عليها، ويتم التصويت عليه بابًا بابًا.

ويجوز للمجلس أن يعدل النفقات الواردة في مشروع الموازنة، عدا التي ترد تنفيذًا لالتزام محدد على الدولة.

وإذا ترتب على التعديل زيادة في إجمالي النفقات، وجب أن يتفق المجلس مع الحكومة على تدبير مصادر للإيرادات تحقق إعادة التوازن بينهما، وتصدر الموازنة

의해야 하고, 의회는 예산의 균형 실현에 필요한 기존법의 수정을 포함하는 법률을 공포한다.

예산법은 국민들에게 새로운 부담을 주는 조항을 포함할 수 없다.

회계연도, 일반예산 준비 방법 및 공공기관의 예산과 회계 규정은 법률로 정한다.

의회는 일반예산의 장들 중 한 장에서 다른 장으로 금액을 이동하거나 장들에 언급되지 않은 모든 비용 또는 추정치를 초과하는 지출에 대해 승인해야 하고, 승인은 법률로 공포된다.

제125조

국가 일반예산의 최종 결산은 회계연도 종료일로부터 6개월 이내에 의회에 제출되어야 하고, 이와 함께 중앙 감사기관의 연례보고서 및 최종 평가에 대한 의견서도 제출되어야 한다.

최종 결산에 대한 투표는 장 단위로 이루어지고 법률로 공

بقانون يجوز أن يتضمن تعديلًا في قانون قائم بالقدر اللازم لتحقيق هذا التوازن.

وفي جميع الأحوال، لا يجوز أن يتضمن قانون الموازنة أي نص يكون من شأنه تحميل المواطنين أعباء جديدة.

ويحدد القانون السنة المالية، وطريقة إعداد الموازنة العامة، وأحكام موازنات المؤسسات والهيئات العامة وحساباتها.

وتجب موافقة المجلس على نقل أي مبلغ من باب إلى آخر من أبواب الموازنة العامة، وعلى كل مصروف غير وارد بها، أو زائد على تقديراتها، وتصدر الموافقة بقانون.

(المادة ١٢٥)

يجب عرض الحساب الختامي للموازنة العامة للدولة على مجلس النواب، خلال مدة لا تزيد على ستة أشهر من تاريخ انتهاء السنة المالية، ويعرض معه التقرير السنوي للجهاز المركزي للمحاسبات وملاحظاته على الحساب الختامي.

포된다.

의회는 중앙 감사기관에 추가 자료나 기타 보고서를 요청할 수 있다.

제126조

공적 자산의 취득 및 지출 절차의 기본 원칙은 법률로 정한다.

제127조

행정부는 의회의 동의 없이는 차후 기간 동안 차관이나 융자 확보, 승인된 일반예산에 포함되지 않은 계획과 연계하여 국고를 지출해서는 아니된다.

제128조

재무부에 의해 결정되는 봉급, 연금, 보상금, 보조금, 상여

ويتم التصويت على الحساب الختامي بابًا بابًا، ويصدر بقانون.

وللمجلس أن يطلب من الجهاز المركزي للمحاسبات أية بيانات أو تقارير أخرى.

(المادة ١٢٦)

ينظم القانون القواعد الأساسية لتحصيل الأموال العامة وإجراءات صرفها.

(المادة ١٢٧)

لا يجوز للسلطة التنفيذية الاقتراض، أو الحصول على تمويل، أو الارتباط بمشروع غير مدرج في الموازنة العامة المعتمدة يترتب عليه إنفاق مبالغ من الخزانة العامة للدولة لمدة مقبلة، إلا بعد موافقة مجلس النواب.

(المادة ١٢٨)

يبين القانون قواعد تحديد المرتبات والمعاشات

금의 제한에 관한 규정은 법률로 정하고, 이의 예외 상황
과 실행 기관에 관한 내용도 법률로 정한다.

제129조

의원 각자는 총리, 부총리, 장관 및 차관에게 그들의 권한
내에 있는 모든 사안에 대해 질의할 수 있고, 그들은 동일
한 회기 내에 이 질의에 대한 답을 해야 한다.

의원은 어느 때든 질의를 철회할 수 있지만, 그 질의가 동
일한 회기에서 대정부 질의로 전환될 수는 없다.

제130조

의원 각자는 총리, 부총리, 장관 및 차관에게 그들의 권한
내에 있는 사안들에 관한 감사를 위해 대정부 질의를 할
수 있다.

의회는 긴급한 상황에 직면하지 않은 경우, 대정부 질의서

والتعويضات والإعانات والمكافآت التي تتقرر على الخزانة العامة للدولة، ويحدد حالات الاستثناء منها، والجهات التي تتولى تطبيقها.

(المادة ١٢٩)

لكل عضو من أعضاء مجلس النواب أن يوجه إلى رئيس مجلس الوزراء، أو أحد نوابه، أو أحد الوزراء، أو نوابهم، أسئلة في أي موضوع يدخل في اختصاصاتهم، وعليهم الإجابة عن هذه الأسئلة في دور الانعقاد ذاته. ويجوز للعضو سحب السؤال في أي وقت، ولا يجوز تحويل السؤال إلى استجواب في الجلسة ذاتها.

(المادة ١٣٠)

لكل عضو في مجلس النواب توجيه استجواب لرئيس مجلس الوزراء، أو أحد نوابه، أو أحد الوزراء، أو نوابهم، لمحاسبتهم عن الشئون التي تدخل في اختصاصاتهم. ويناقش المجلس الاستجواب بعد سبعة أيام على الأقل

가 제출된 날로부터 최소 7일 이후부터 최대 60일 이내에
정부의 동의 후에 이를 토의해야 한다.

제131조

의회는 총리, 부총리, 장관 및 차관에 대한 불신임을 결의
할 수 있다.

불신임 요청은 대정부 질의 이후나 최소 10분의 1 의원의
제안에 의해서만 제출될 수 있고, 의회는 토의 이후에 결
의를 공포하며, 불신임 결의는 의원 대다수의 찬성으로 채
택된다.

의회가 동일한 회기에 이미 결정한 사안과 관련한 불신임
은 요청할 수 없다.

정부가 의회와의 연대를 공포한 이후에 의회가 총리, 부총
리, 장관 및 차관에 대한 불신임을 결의하였다면 정부는
총 사퇴하여야 한다.

불신임 결정이 정부 구성원 개인과 관련되었다면 그(정부
구성원)는 사임해야 한다.

من تاريخ تقديمه، وبحد أقصى ستون يومًا، إلا في حالات الاستعجال التي يراها، وبعد موافقة الحكومة.

(المادة ١٣١)

لمجلس النواب أن يقرر سحب الثقة من رئيس مجلس الوزراء، أو أحد نوابه، أو أحد الوزراء، أو نوابهم. ولا يجوز عرض طلب سحب الثقة إلا بعد استجواب، وبناء على اقتراح عُشر أعضاء المجلس على الأقل، ويصدر المجلس قراره عقب مناقشة الاستجواب، ويكون سحب الثقة بأغلبية الأعضاء.

وفي كل الأحوال، لا يجوز طلب سحب الثقة في موضوع سبق للمجلس أن فصل فيه في دور الانعقاد ذاته.

وإذا قرر المجلس سحب الثقة من رئيس مجلس الوزراء، أو من أحد نوابه أو أحد الوزراء، أو نوابهم، وأعلنت الحكومة تضامنها معه قبل التصويت، وجب أن تقدم الحكومة استقالتها، وإذا كان قرار سحب الثقة متعلقًا

제132조

의원 20명 이상은 어떤 사안에 대한 정부 정책의 해명을 얻기 위해 공개 토론을 요구할 수 있다.

제133조

의원 각자는 총리, 부총리, 장관 및 차관에게 공적 사안에 대한 논의를 제안할 수 있다.

제134조

의원 각자는 총리, 부총리, 장관 및 차관에게 긴급하고 중요한 공적 사안들에 대하여 긴급 설명이나 성명을 요구할 수 있다.

بأحد أعضاء الحكومة، وجبت استقالته.

(المادة ١٣٢)

يجوز لعشرين عضوًا من مجلس النواب على الأقل طلب مناقشة موضوع عام لاستيضاح سياسة الحكومة بشأنه.

(المادة ١٣٣)

لكل عضو من أعضاء مجلس النواب إبداء اقتراح برغبة في موضوع عام إلى رئيس مجلس الوزراء، أو أحد نوابه، أو أحد الوزراء، أو نوابهم.

(المادة ١٣٤)

لكل عضو من أعضاء مجلس النواب أن يقدم طلب إحاطة أو بيانًا عاجلًا، إلى رئيس مجلس الوزراء، أو أحد نوابه، أو أحد الوزراء، أو نوابهم، في الأمور العامة العاجلة ذات الأهمية.

제135조

의회는 특별위원회를 구성하거나, 기존 위원회들 중 한 곳에 공적 사안에 대한 정밀 진상조사, 행정기구나 공공기관 또는 공공 프로젝트에 관한 감사를 위임할 수 있다. 이는 특정 사안에 대한 정밀 진상조사, 금융·행정·경제 상황 조사의 의회 통보, 과거 업무와 관련된 어떤 사안에 대한 조사를 하기 위함이다. 의회는 이 사안에 대해 적절하다고 여겨지는 것을 결의한다.

위원회는 임무를 수행하는 과정에서 증거를 수집하고, 필요한 경우에 청문을 요청할 수 있다. 모든 기관들은 위원회의 요청에 응해야 하고, 위원회가 요청하는 문서, 증명서 또는 기타 모든 필요한 것을 위원회의 관할 하에 둔다.

의원 각자에게는 의회 업무 수행과 관련된 모든 자료나 정보를 행정부로부터 득할 권리가 있다.

(المادة ١٣٥)

لمجلس النواب أن يشكل لجنة خاصة، أو يكلف لجنة من لجانه بتقصى الحقائق في موضوع عام، أو بفحص نشاط إحدى الجهات الإدارية، أو الهيئات العامة، أو المشروعات العامة، وذلك من أجل تقصى الحقائق في موضوع معين، وإبلاغ المجلس بحقيقة الأوضاع المالية، أو الإدارية، أو الاقتصادية، أو إجراء تحقيقات في أي موضوع يتعلق بعمل من الأعمال السابقة أو غيرها، ويقرر المجلس ما يراه مناسبًا في هذا الشأن.

وللجنة في سبيل القيام بمهمتها أن تجمع ما تراه من أدلة، وأن تطلب سماع من ترى سماع أقواله، وعلى جميع الجهات أن تستجيب إلى طلبها، وأن تضع تحت تصرفها ما تطلبه من وثائق أو مستندات أو غير ذلك.

وفي جميع الاحوال لكل عضو في مجلس النواب الحق في الحصول على أية بيانات أو معلومات من السلطة التنفيذية تتعلق بأداء عمله في المجلس.

제136조

총리, 부총리, 장관 및 차관은 의회 회기나 위원회에 참석할 수 있고, 의회의 요청이 있는 경우 의무적으로 출석해야 한다. 그들은 고위 공무원의 도움을 받을 수 있다.

그들은 진술이 요청될 때마다 귀를 기울여야 하며, 토의 중인 사안에 대해 답변해야 한다. 그들에게는 의견 수렴에 대한 투표권이 없다.

제137조

대통령은 필요한 경우와 인과관계에 의한 결정, 그리고 국민투표 이후에 의회를 해산할 수 있다. 이전 의회를 해산했던 사유와 동일한 사유로 다시 의회를 해산할 수 없다.

대통령은 의회 회기 중단과 국민투표 실시를 최대 20일 이내에 결정해야 한다. 국민투표 유권자들이 유효 투표 다수결로 동의하면, 대통령은 해산 결정을 공포하고, 공포일로부터 30일 이내에 새로운 선거를 요청해야 한다. 새로운

(المادة ١٣٦)

لرئيس مجلس الوزراء، ونوابه، والوزراء، ونوابهم حضور جلسات مجلس النواب، أو إحدى لجانه، ويكون حضورهم وجوبيًا بناء على طلب المجلس، ولهم الاستعانة بمن يرون من كبار الموظفين.

ويجب أن يستمع إليهم كلما طلبوا الكلام، وعليهم الرد على القضايا موضوع النقاش دون أن يكون لهم صوت معدود عند أخذ الرأي.

(المادة ١٣٧)

لا يجوز لرئيس الجمهورية حل مجلس النواب إلا عند الضرورة، وبقرار مسبب، وبعد استفتاء الشعب، ولا يجوز حل المجلس لذات السبب الذي حل من أجله المجلس السابق.

ويصدر رئيس الجمهورية قرارًا بوقف جلسات المجلس، وإجراء الاستفتاء على الحل خلال عشرين يومًا على الأكثر، فإذا وافق المشاركون في الاستفتاء

의회는 국민투표 결과 공포 후 10일 이내에 소집된다.

제138조

모든 국민은 공적 사안에 대하여 의회에 서면으로 제안서를 제출할 수 있다. 모든 국민은 해당 장관들에 대한 불만을 의회에 제출할 수 있다. 장관들은 의회가 요청하면 불만에 대한 해명서를 제출해야 하고, 그 사안의 당사자는 결과를 통보 받을 권리가 있다.

بأغلبية الأصوات الصحيحة، أصدر رئيس الجمهورية قرار الحل، ودعا إلى انتخابات جديدة خلال ثلاثين يومًا على الأكثر من تاريخ صدور القرار. ويجتمع المجلس الجديد خلال الأيام العشرة التالية لإعلان النتيجة النهائية.

(المادة ١٣٨)

لكل مواطن أن يتقدم بمقترحاته المكتوبة إلى مجلس النواب بشأن المسائل العامة، وله أن يقدم إلى المجلس شكاوى يحيلها إلى الوزراء المختصين، وعليهم أن يقدموا الإيضاحات الخاصة بها إذا طلب المجلس ذلك، ويحاط صاحب الشأن بنتيجتها.

제2절

행정부

제1항 대통령

제139조

대통령은 국가 원수이고 행정부 수반이다. 그는 국민의 이익을 보호하고, 국가의 독립과 영토 통합 및 안전을 보호하며, 헌법을 준수하고, 헌법에 명시된 바에 따라 권한을 행사한다.

제140조

대통령은 4년 임기로 선출되고 전임자의 임기가 끝나는 다음날부터 임기가 시작된다. 대통령의 재선은 한 번만 허용된다.

대통령 선거 절차는 대통령의 임기 종료 전 120일 전에 시작되고, 선거 결과는 이 기간(120일) 종료 전 30일 전에 공

الفصل الثاني
السلطة التنفيذية

الفرع الأول رئيس الجمهورية

(المادة ١٣٩)

رئيس الجمهورية هو رئيس الدولة، ورئيس السلطة التنفيذية، يرعى مصالح الشعب ويحافظ على استقلال الوطن ووحدة أراضيه وسلامتها، ويلتزم بأحكام الدستور ويُباشر اختصاصاته على النحو المبين به.

(المادة ١٤٠)

يُنتخب رئيس الجمهورية لمدة أربع سنوات ميلادية، تبدأ من اليوم التالي لانتهاء مدة سلفه، ولا يجوز إعادة انتخابه إلا لمرة واحدة.
وتبدأ إجراءات انتخاب رئيس الجمهورية قبل انتهاء مدة الرئاسة بمائة وعشرين يومًا على الأقل، ويجب

포되어야 한다.

대통령은 대통령직 임기 동안 어떠한 당직도 유지할 수 없다.

제141조

대통령 입후보자는 이집트인 부모에게서 태어난 이집트인이어야 하고, 그의 부모나 배우자는 다른 국적을 보유하지 않아야 한다. 그(입후보자)는 시민적·정치적 권리를 가지고, 병역을 수행했거나 법률이 정한 바에 따라 면제를 받았어야 한다. 입후보 등록일 현재 서력으로 40세에 달하여야 한다. 입후보에 관한 요건은 법률로 정한다.

제142조

대통령 후보자가 되기 위해서는 의원 20명 이상의 추천을 받거나, 적어도 15개 주에서 선거권이 있는 유권자 25,000

أن تعلن النتيجة قبل نهاية هذه المدة بثلاثين يوما على الأقل.

ولا يجوز لرئيس الجمهورية أن يشغل أي منصب حزبي طوال مدة الرئاسة.

(المادة ١٤١)

يشترط فيمن يترشح رئيسًا للجمهورية أن يكون مصريا من أبوين مصريين، وألا يكون قد حمل، أو أي من والديه أو زوجه جنسية دولة أخرى، وأن يكون متمتعًا بحقوقه المدنية والسياسية، وأن يكون قد أدى الخدمة العسكرية أو أعفي منها قانونا، وألا تقل سنه يوم فتح باب الترشح عن أربعين سنة ميلادية، ويحدد القانون شروط الترشح الأخرى.

(المادة ١٤٢)

يشترط لقبول الترشح لرئاسة الجمهورية أن يزكي المترشح عشرون عضوًا على الأقل من أعضاء مجلس

명 이상의 지지를 받거나, 또는 모든 주에서 1,000명 이상의 지지를 받아야 한다.

어느 누구도 한 명 이상의 후보자를 지지할 수 없으며, 이에 관한 내용은 법률로 정한다.

제143조

대통령은 보통·비밀·직접 투표의 방식으로 유효 투표 수의 절대 과반수로 선출된다. 대통령 선거 절차는 법률로 정한다.

제144조

대통령은 직무를 수행하기 전에 의회에서 다음의 선서를 한다. "나는 공화국 체제를 성실히 수호하고, 헌법과 법률을 준수하며, 국민의 이익을 전적으로 보호하고, 국가의

النواب، أو أن يؤيده ما لا يقل عن خمسة وعشرين ألف مواطن ممن لهم حق الانتخاب في خمس عشرة محافظة على الأقل، وبحد أدنى ألف مؤيد من كل محافظة منها.

وفي جميع الأحوال، لا يجوز تأييد أكثر من مترشح، وذلك على النحو الذي ينظمه القانون.

(المادة ١٤٣)

ينتخب رئيس الجمهورية عن طريق الاقتراع العام السري المباشر، وذلك بالأغلبية المطلقة لعدد الأصوات الصحيحة، وينظم القانون إجراءات انتخاب رئيس الجمهورية.

(المادة ١٤٤)

يشترط ان يؤدي رئيس الجمهورية، قبل أن يتولى مهام منصبه، أمام مجلس النواب اليمين الآتية ''أقسم بالله العظيم أن أحافظ مخلصًا على النظام الجمهوري، وأن

독립과 영토의 통합 및 안전을 보호할 것을 위대하신 알라께 맹세합니다."

의회가 부재한 경우 최고헌법재판소의 총회에서 선서를 한다.

제145조

대통령의 급여는 법률로 정한다. 대통령이 다른 급여나 기타 보수를 받는 것은 허용되지 아니하고, 임기 동안에 행해진 급여에 대한 개정은 당해 임기 내에는 효력이 없다. 대통령은 임기 중에 직접 또는 중개인을 통해서 별도의 직업 및 상업·금융·산업 활동을 수행하는 것은 허용되지 아니한다. 대통령은 국유재산, 공법 법인, 공공부문이나 공적 업무 분야에 관한 회사를 매수하거나 임대할 수 없고, 이들의 자산을 임대차, 매매, 교환할 수 없다. 또한 대통령은 판매자, 공급자, 계약자 등으로써 계약을 체결할 수 없다. 그러한 행위는 모두 무효로 간주된다.

أحترم الدستور والقانون، وأن أرعي مصالح الشعب رعاية كاملة، وأن أحافظ على استقلال الوطن ووحدة وسلامة أراضيه".

ويكون أداء اليمين أمام الجمعية العامة للمحكمة الدستورية العليا في حالة عدم وجود مجلس النواب.

(المادة ١٤٥)

يحدد القانون مرتب رئيس الجمهورية، ولا يجوز له أن يتقاضى أي مرتب أو مكافأة أخرى، ولا يسري أي تعديل في المرتب أثناء مدة الرئاسة التي تقرر فيها، ولا يجوز لرئيس الجمهورية أن يزاول طوال مدة توليه المنصب، بالذات أو بالواسطة، مهنة حرة، أو عملًا تجاريًا، أو ماليًا، أو صناعيًا، ولا أن يشتري، أو يستأجر شيئا من أموال الدولة، أو أي من أشخاص القانون العام، أو شركات القطاع العام، أو قطاع الأعمال العام، ولا أن يؤجرها، أو يبيعها شيئًا من أمواله، ولا أن يقايضها عليه، ولا أن يبرم معها عقد

대통령은 임기 시와 사임 시 그리고 매년 말에 재산 내역을 신고해야 하고, 이는 관보에 공포된다.

대통령은 스스로에게 훈장, 배지, 메달을 수여할 수 없다.

대통령이 직무와 관련하여 직접 또는 중개인을 통하여 현금이나 현물을 선물로 받은 경우 소유권은 국고로 귀속된다.

제146조

대통령은 총리를 임명하고 정부를 구성하며 의회에 자신의 국정계획을 제시한다. 정부가 30일 이내에 의원 다수의 신임을 얻지 못할 경우, 의회에 다수 의석을 가지고 있는 당 또는 연립당이 지명한 총리를 임명해야 한다. 또한 정부가 30일 이내에 의원 다수의 신임을 얻지 못할 경우, 의

التزام، أو توريد، أو مقاولة، أو غيرها. ويقع باطلا أي من هذه التصرفات.

ويتعين على رئيس الجمهورية تقديم إقرار ذمة مالية عند توليه المنصب، وعند تركه، وفي نهاية كل عام، وينشر الإقرار في الجريدة الرسمية.

ولا يجوز لرئيس الجمهورية أن يمنح نفسه أي أوسمة، أو نياشين، أو أنواط.

وإذا تلقى بالذات أو بالواسطة هدية نقدية، أو عينية، بسبب المنصب أو بمناسبته، تؤول ملكيتها إلى الخزانة العامة للدولة.

(المادة ١٤٦)

يكلف رئيس الجمهورية رئيسًا لمجلس الوزراء، بتشكيل الحكومة وعرض برنامجه على مجلس النواب، فإذا لم تحصل حكومته على ثقة اغلبية اعضاء مجلس النواب خلال ثلاثين يومًا على الأكثر، يكلف رئيس الجمهورية رئيسا لمجلس الوزراء بترشيح من الحزب

회는 해산된 것으로 간주되고, 대통령은 해산 결정 공포일로부터 60일 이내에 새 의회 선거를 요청해야 한다.

이 조항에 명시된 기간의 합계가 총 60일을 초과해서는 아니된다.

의회가 해산된 경우 총리는 정부의 구성과 국정계획을 새 의회의 첫 번째 회의에 제출해야 한다.

정부가 의회에 다수 의석을 가지고 있는 당 또는 연립당에서 선출된 경우, 대통령은 총리와 협의하여 국방장관, 내부장관, 외무장관 및 법무장관을 임명한다.

제147조

대통령은 의원 과반수의 찬성으로 정부의 업무 수행을 정

أو الائتلاف الحائز على أكثرية مقاعد مجلس النواب، فإذا لم تحصل حكومته على ثقة أغلبية أعضاء مجلس النواب خلال ثلاثين يومًا، عُدَّ المجلس منحلًا ويدعو رئيس الجمهورية لانتخاب مجلس نواب جديد خلال ستين يومًا من تاريخ صدور قرار الحل.

وفي جميع الأحوال يجب ألا يزيد مجموع مدد الاختيار المنصوص عليها في هذه المادة على ستين يومًا.

وفي حالة حل مجلس النواب، يعرض رئيس مجلس الوزراء تشكيل حكومته، وبرنامجها على مجلس النواب الجديد في أول اجتماع له.

في حال اختيار الحكومة من الحزب أو الائتلاف الحائز على أكثرية مقاعد مجلس النواب، يكون لرئيس الجمهورية، بالتشاور مع رئيس مجلس الوزراء، اختيار وزراء الدفاع والداخلية والخارجية والعدل.

(المادة ١٤٧)

لرئيس الجمهورية إعفاء الحكومة من أداء عملها

지할 수 있다.

대통령은 총리와의 협의와 의원 과반수 출석과 출석 의원 3분의 1 이상의 동의로 내각 개편을 실시할 수 있다.

제148조

대통령은 권한 일부를 총리, 부총리, 장관, 주지사에게 위임할 수 있다. 그러나 그들 중 어느 누구도 다른 사람에게 (이 권한을 또 다시) 위임하는 것은 허용되지 아니한다. 이에 관한 내용은 법률로 정한다.

제149조

대통령은 중요한 사안들을 협의하기 위해 정부 회의를 요청할 수 있고, 대통령이 직접 회의를 주재한다.

بشرط موافقة أغلبية أعضاء مجلس النواب.

ولرئيس الجمهورية إجراء تعديل وزاري بعد التشاور مع رئيس الوزراء وموافقة مجلس النواب بالأغلبية المطلقة للحاضرين وبما لايقل عن ثلث أعضاء المجلس.

(المادة ١٤٨)

لرئيس الجمهورية أن يفوض بعض اختصاصاته لرئيس مجلس الوزراء، أو لنوابه، أو للوزراء، أو للمحافظين، ولا يجوز لأحد منهم أن يفوض غيره، وذلك على النحو الذي ينظمه القانون.

(المادة ١٤٩)

لرئيس الجمهورية دعوة الحكومة للاجتماع للتشاور في الأمور المهمة، ويتولى رئاسة الاجتماع الذي يحضره.

제150조

대통령은 내각과 공동으로 국가의 공공정책을 입안하고
헌법에 따라 집행을 감독한다.

대통령은 의회의 연례 정기회 개회 때 국가의 공공정책에
관한 성명을 발표한다.

대통령은 의회에서 성명을 발표하거나 기타 서한을 보낼
수 있다.

제151조

대통령은 외교 관계에서 국가를 대표하고 조약을 체결하
며, 의회의 승인 이후에 이(조약)를 비준한다. 이는 헌법에
따라 공포 이후에 법률과 같은 효력을 갖는다.

평화, 동맹 및 주권과 관련된 조약에 대해서는 국민투표를
거쳐야 하고, 국민투표의 승인 결과를 공포한 이후에 비준
이 이루어진다.

(المادة ١٥٠)

يضع رئيس الجمهورية، بالاشتراك مع مجلس الوزراء، السياسة العامة للدولة، ويشرفان على تنفيذها، على النحو المبين في الدستور.

ولرئيس الجمهورية أن يلقى بيانًا حول السياسة العامة للدولة أمام مجلس النواب عند افتتاح دور انعقاده العادي السنوي.

ويجوز له إلقاء بيانات، أو توجيه رسائل أخرى إلى المجلس.

(المادة ١٥١)

يمثل رئيس الجمهورية الدولة في علاقاتها الخارجية، ويبرم المعاهدات، ويصدق عليها بعد موافقة مجلس النواب، وتكون لها قوة القانون بعد نشرها وفقًا لأحكام الدستور.

ويجب دعوة الناخبين للاستفتاء على معاهدات الصلح والتحالف وما يتعلق بحقوق السيادة، ولا يتم التصديق

헌법을 위반하거나 국가 영토의 일부를 포기하는 조약 체
결은 허용되지 아니한다.

제152조

대통령은 군대의 최고사령관이다. 대통령은 국방위원회
의 가결과 재적 의원 3분의 2 이상의 동의가 있는 경우 전
쟁을 선포하거나 전투 임무를 위해 국경 밖으로 군대를 파
견할 수 있다.

의회가 부재한 경우 군최고위원회의 협의와 내각 및 국방
위원회의 승인을 얻어야 한다.

제153조

대통령은 법률이 정한 바에 따라 민간 및 군 공무원, 외교

عليها إلا بعد إعلان نتيجة الاستفتاء بالموافقة.

وفي جميع الأحوال لا يجوز إبرام أية معاهدة تخالف أحكام الدستور، أو يترتب عليها التنازل عن أي جزء من إقليم الدولة.

(المادة ١٥٢)

رئيس الجمهورية هو القائد الأعلى للقوات المسلحة، ولا يعلن الحرب، ولا يرسل القوات المسلحة في مهمه قتالية إلى خارج حدود الدولة، إلا بعد أخذ رأي مجلس الدفاع الوطني، وموافقة مجلس النواب بأغلبية ثلثي الأعضاء.

فإذا كان مجلس النواب غير قائم، يجب أخذ رأي المجلس الأعلى للقوات المسلحة، وموافقة كل من مجلس الوزراء ومجلس الدفاع الوطني.

(المادة ١٥٣)

يعين رئيس الجمهورية الموظفين المدنيين، والعسكريين،

관을 임면하며, 외국이나 외교기관에 정치적 대표자(대사 등) 파견을 승인한다.

제154조

대통령은 법률이 정한 바에 따라 내각의 가결 이후 비상사태를 선포할 수 있고, 이 사안에 대하여 논의할 수 있도록 7일 이내에 선포 안을 의회로 제출해야 한다.

(비상사태) 선포가 정기회가 아닌 때에 이루어졌다면, 의회는 즉시 회의를 소집해야 한다.

비상사태 선포는 의원 다수결로 승인되어야 하며, 3개월을 초과할 수 없고, 의원 3분의 2가 동의함으로써 유사한 기간 동안만 연장할 수 있다. 의회가 부재한 경우 비상사태 선포안은 동의를 위해 내각에 제출되고, 새로운 의회의 첫 번째 회의에 제출되어야 한다.

비상사태가 진행되는 동안 의회는 해산될 수 없다.

والممثلين السياسيين، ويعفيهم من مناصبهم، ويعتمد الممثلين السياسيين للدول والهيئات الأجنبية، وفقًا للقانون.

(المادة ١٥٤)

يعلن رئيس الجمهورية، بعد أخذ رأي مجلس الوزراء حالة الطوارئ، على النحو الذي ينظمه القانون، ويجب عرض هذا الإعلان على مجلس النواب خلال الأيام السبعة التالية ليقرر ما يراه بشأنه.

وإذا حدث الإعلان في غير دور الانعقاد العادي، وجب دعوة المجلس للانعقاد فورًا للعرض عليه.

وفي جميع الأحوال تجب موافقة أغلبية عدد أعضاء المجلس على إعلان حالة الطوارئ، ويكون إعلانها لمدة محددة لا تجاوز ثلاثة أشهر، ولا تمد إلا لمدة أخرى مماثلة، بعد موافقة ثلثي عدد أعضاء المجلس.

وإذا كان المجلس غير قائم، يعرض الأمر على مجلس الوزراء للموافقة، على أن يُعرَض على مجلس النواب

제155조

대통령은 내각의 가결 이후 형벌에 대한 사면이나 감형을 할 수 있다.

일반사면은 재적 의원 과반수의 동의로 승인된 법률에 의해서만 허용된다.

제156조

회기가 시작되기 전에 지연할 수 없는 긴급조치를 채택해야 하는 경우, 대통령은 의회에 그 사안을 상정하기 위한 비상회의 개최를 요구할 수 있다. 의회가 부재한 경우 대통령은 법적 효력이 있는 법령들을 공포할 수 있다. 그러나 이 법령들은 새 의회의 회기가 시작된 후 15일 이내에 제출되어야 하고 토의와 승인이 이루어져야 한다. 법령들이 제출되지 않고 논의되지 않았거나 또는 제출되어 의회

الجديد في أول اجتماع له.

ولا يجوز حل مجلس النواب أثناء سريان حالة الطوارئ.

(المادة ١٥٥)

لرئيس الجمهورية بعد أخذ رأي مجلس الوزراء العفو عن العقوبة، أو تخفيفها.

ولا يكون العفو الشامل إلا بقانون، يُقر بموافقة أغلبية أعضاء مجلس النواب.

(المادة ١٥٦)

إذا حدث في غير دور انعقاد مجلس النواب ما يوجب الإسراع في اتخاذ تدابير لا تحتمل التأخير، يدعو رئيس الجمهورية المجلس لإنعقاد طارئ لعرض الأمر عليه. وإذا كان مجلس النواب غير قائم، يجوز لرئيس الجمهورية إصدار قرارات بقوانين، على أن يتم عرضها ومناقشتها والموافقة عليها خلال خمسة عشر يومًا من انعقاد المجلس الجديد، فإذا لم تعرض وتناقش

가 승인하지 않은 경우, 의회는 법령들에 대한 승인을 공
포할 필요 없이 소급하여 법적 효력을 중지해야 한다. 다
만 의회가 이전 기간에 대한 법률의 효력을 인정하고 이에
대한 영향으로 초래되는 결과를 승인한 경우에는 그러하
지 아니한다.

제157조

대통령은 헌법에 위반되지 않는 경우 국가의 이해와 관련
된 중요 사안들에 대하여 국민투표를 요청할 수 있다.
국민투표 요청에 한 가지 이상의 사안을 포함하고 있는 경
우 각각의 사안마다 국민투표에 부쳐야 한다.

제158조

대통령은 의회에 사직서를 제출할 수 있고, 의회가 부재한
경우 최고헌법재판소의 총회에 제출해야 한다.

أو إذا عرضت و لم يقرها المجلس، زال بأثر رجعي ما كان لها من قوة القانون، دون حاجة إلى إصدار قرار بذلك، إلا إذا رأى المجلس اعتماد نفاذها في الفترة السابقة، أو تسوية ما ترتب عليها من آثار.

(المادة ١٥٧)

لرئيس الجمهورية أن يدعو الناخبين للاستفتاء في المسائل التي تتصل بمصالح البلاد العليا، وذلك فيما لا يخالف أحكام الدستور.

وإذا اشتملت الدعوة للاستفتاء على أكثر من مسأله، وجب التصويت على كل واحدة منها.

(المادة ١٥٨)

لرئيس الجمهورية أن يقدم استقالته إلى مجلس النواب فإذا كان المجلس غير قائم، قدمها إلى الجمعية العامة للمحكمة الدستورية العليا.

제159조

대통령이 헌법 위반이나 반역 또는 기타 중대한 범죄를 저지른 경우, 의원 과반수 이상의 서명에 의하여 탄핵 소추를 발의할 수 있다. 대통령은 검찰총장의 수사 이후 의원 3분의 2 이상의 찬성에 의해서만 탄핵 소추될 수 있다. 대통령이 탄핵 소추된 경우 보좌진들 중 한 명이 그의 직위를 대신한다.

탄핵 소추 결정이 공포되면 대통령의 업무는 즉시 중지된다. 이는 탄핵에 관한 판결이 공포될 때까지 대통령의 일시적인 업무 중단에 해당한다.

대통령의 탄핵 재판은 최고사법위원회 의장, 최고헌법재판소 소장 선임대리인, 국무회의 의장 선임대리인, 항소법원의 선임의장 2인이 주재하는 특별법원에서 맡고, 검찰총장이 기소를 맡는다. 특별법원의 구성원들 중 어느 누군가에게 장애가 발생하면, 연공서열에 따라 그 권한을 대행한다. 특별법원의 판결은 항소할 수 없는 최종심이다.

탄핵에 대한 조사 및 재판 절차는 법률로 정하고, 대통령

(المادة ١٥٩)

يكون إتهام رئيس الجمهورية بإنتهاك أحكام الدستور، أو بالخيانة العظمى، أو أية جناية أخرى، بناء على طلب موقع من أغلبية أعضاء مجلس النواب على الأقل، ولا يصدر قرار الإتهام إلا بأغلبية ثلثي أعضاء المجلس، وبعد تحقيق يجريه معه النائب العام. وإذا كان به مانع يحل محله أحد مساعديه.

وبمجرد صدور هذا القرار، يوقف رئيس الجمهورية عن عمله، ويعتبر ذلك مانعًا مؤقتًا يحول دون مباشرته لاختصاصاته حتى صدور حكم في الدعوى.

ويحاكم رئيس الجمهورية أمام محكمة خاصة يرأسها رئيس مجلس القضاء الأعلى، وعضوية أقدم نائب لرئيس المحكمة الدستورية العليا، وأقدم نائب لرئيس مجلس الدولة، وأقدم رئيسين بمحاكم الاستئناف، ويتولى الإدعاء أمامها النائب العام، وإذا قام بأحدهم مانع، حل محله من يليه في الأقدمية، وأحكام المحكمة نهائية غير قابلة للطعن.

이 유죄로 판결되면 파면되고 다른 처벌을 면제받지 아니
한다.

제160조

대통령에게 권한을 수행할 수 없는 일시적인 장애가 발생
한 경우 총리가 그 권한을 대행한다.

대통령직이 사임, 사망, 또는 업무에 대한 영구적 결함으
로 궐위된 경우 의회는 대통령직의 궐위를 공포한다. 그
외 다른 이유로 대통령직이 궐위된 때에는 의원 3분의 2
이상의 찬성으로 궐위를 공포한다. 의회는 선거관리위원
회에 통보하고, 의회 의장이 임시로 대통령의 권한을 수행
한다.

의회가 부재한 경우 최고헌법재판소의 총회와 최고헌법재
판소 소장은 의회와 의회 의장의 자리를 대신한다.

새 대통령은 대통령직이 궐위된 날로부터 90일 이내에 선
출되어야 하며, 대통령직 임기는 선거 결과 공포일로부터

وينظم القانون إجراءات التحقيق، والمحاكمة، وإذا حكم بإدانة رئيس الجمهورية أعفى من منصبه، مع عدم الإخلال بالعقوبات الأخرى.

(المادة ١٦٠)

إذا قام مانع مؤقت يحول دون مباشرة رئيس الجمهورية لسلطاته، حل محله رئيس مجلس الوزراء.

وعند خلو منصب رئيس الجمهورية للاستقالة، أو الوفاة، أو العجز الدائم عن العمل، يعلن مجلس النواب خلو المنصب. ويكون إعلان خلو المنصب بأغلبية ثلثي الأعضاء على الأقل، إذا كان ذلك لأي سبب آخر. ويخطر مجلس النواب الهيئة الوطنية للانتخابات، ويباشر رئيس مجلس النواب مؤقتًا سلطات رئيس الجمهورية.

وإذا كان مجلس النواب غير قائم، تحل الجمعية العامة للمحكمة الدستورية العليا ورئيسها، محل المجلس ورئيسه، فيما تقدم.

시작된다.

임시 대통령은 대통령 후보자로 추천될 수 없고, 헌법 개정을 요청할 수도 없으며, 의회와 정부(내각)를 해산할 수 없다.

제161조

의회는 재적 의원 과반수 이상의 제청과 재적 의원 3분의 2 이상의 찬성이 있는 경우 대통령을 불신임하고 조기 대통령 선거를 제안할 수 있다.

의회는 동일한 사유로 대통령에 대한 불신임 발의안을 재차 발의할 수 없다.

대통령 불신임안이 가결된 경우 총리의 요청으로 국민투표를 실시하고, 국민의 대다수가 불신임에 찬성할 경우 대통령은 직위에서 해임되고 대통령직은 궐위된 것으로 간

وفي جميع الأحوال، يجب أن يُنتخب الرئيس الجديد في مدة لا تجاوز تسعين يومًا من تاريخ خلو المنصب، وتبدأ مدة الرئاسة في هذه الحالة من تاريخ إعلان نتيجة الانتخاب.

ولا يجوز لرئيس الجمهورية المؤقت أن يترشح لهذا المنصب، ولا أن يطلب تعديل الدستور، ولا أن يحل مجلس النواب، ولا أن يقيل الحكومة.

(المادة ١٦١)

يجوز لمجلس النواب اقتراح سحب الثقة من رئيس الجمهورية، وإجراء انتخابات رئاسية مبكرة، بناءً على طلب مسبب وموقع من أغلبية أعضاء مجلس النواب على الأقل، وموافقة ثلثي أعضائه.

ولا يجوز تقديم هذا الطلب لذات السبب خلال المدة الرئاسية إلا مرة واحدة.

وبمجرد الموافقة على اقتراح سحب الثقة، يطرح أمر سحب الثقة من رئيس الجمهورية وإجراء انتخابات

주된다. 조기 대통령 선거는 국민투표 결과 공포일로부터 60일 이내에 실시한다.

대통령 불신임에 대한 국민투표가 부결될 경우 의회는 해산된 것으로 간주하며, 대통령은 해산일로부터 30일 이내에 새 의회 선거를 요청한다.

제162조

대통령직 궐위가 국민투표나 의회 선거와 동시에 발생하였을 경우, 대통령 선거가 우선시되고 의회는 대통령 선거가 끝날 때까지 지속된다.

رئاسية مبكرة في استفتاء عام، بدعوة من رئيس مجلس الوزراء، فإذا وافقت الأغلبية على قرار سحب الثقة، يُعفى رئيس الجمهورية من منصبه ويُعد منصب رئيس الجمهورية خاليًا، وتُجرى الانتخابات الرئاسية المبكرة خلال ستين يومًا من تاريخ إعلان نتيجة الاستفتاء.

وإذا كانت نتيجة الاستفتاء بالرفض، عُد مجلس النواب منحلًا، ويدعو رئيس الجمهورية لانتخاب مجلس جديد للنواب خلال ثلاثين يومًا من تاريخ الحل.

(المادة ١٦٢)

إذا تزامن خلو منصب رئيس الجمهورية مع إجراء استفتاء، أو انتخاب مجلس النواب، تُعطى الأسبقية لانتخاب رئيس الجمهورية، ويستمر المجلس لحين إتمام انتخاب الرئيس.

제2항 정부

제163조

정부는 국가의 최고 집행 및 행정 기관이고 총리, 부총리, 장관, 차관들로 구성된다.

총리는 정부를 이끌고 정부의 업무를 감독하며 정부의 권한 수행을 지시한다.

제164조

총리로 임명된 사람은 부모가 이집트인이어야 하고, 당사자와 배우자가 다른 국적을 보유하지 않아야 하며, 시민적 · 정치적 권리를 누리고, 병역을 수행했거나 법률적으로 면제받았어야 하며, 임명일 현재 서력 35세에 달하여야 한다.

정부의 구성원으로 임명된 사람은 이집트인이어야 하고, 시민적 · 정치적 권리를 누려야 하며, 병역을 수행했거나

الفرع الثاني الحكومة

(المادة ١٦٣)

الحكومة هى الهيئة التنفيذية والإدارية العليا للدولة،
وتتكون من رئيس مجلس الوزراء، ونوابه، والوزراء،
ونوابهم.
ويتولى رئيس مجلس الوزراء رئاسة الحكومة، ويشرف
على أعمالها، ويوجهها في أداء اختصاصاتها.

(المادة ١٦٤)

يشترط فيمن يعين رئيسًا لمجلس الوزراء، أن يكون
مصريًا من أبوين مصريين، وألا يحمل هو أو زوجه
جنسية دولة أخرى، وأن يكون متمتعًا بحقوقه المدنية
والسياسية، وأن يكون قد أدى الخدمة العسكرية أو
أعفي منها قانونا، وألا تقل سنه عن خمس وثلاثين
سنة ميلادية في تاريخ التكليف.
ويشترط فيمن يعين عضوًا بالحكومة، أن يكون

법률적으로 면제받았어야 하고, 임명일 현재 서력으로 30세에 달하여야 한다.

정부 구성원과 의원의 겸직은 허용되지 않으며, 의원이 정부 구성원으로 임명되면 임명일로부터 그의 의석은 궐위된 것으로 본다.

제165조

총리와 정부 구성원은 직무를 수행하기 전에 대통령 앞에서 다음의 선서를 한다. "나는 공화국 체제를 성실히 보호하고, 헌법과 법률을 준수하며, 국민의 이익을 전적으로 보호하고, 국가의 독립과 영토의 통합 및 안전을 보호할 것을 위대하신 알라께 맹세합니다."

مصريًا، متمتعًا بحقوقه المدنية والسياسية وأن يكون قد أدى الخدمة العسكرية أو أعفى منها قانونًا، بالغًا من العمر ثلاثين سنة ميلادية على الأقل في تاريخ التكليف.

ولا يجوز الجمع بين عضوية الحكومة، وعضوية مجلس النواب، وإذا عين أحد أعضاء المجلس في الحكومة، يخلو مكانه في المجلس من تاريخ هذا التعيين.

(المادة ١٦٥)

يشترط أن يؤدى رئيس مجلس الوزراء، وأعضاء الحكومة أمام رئيس الجمهورية، قبل مباشرة مهام مناصبهم، اليمين الآتية "أقسم بالله العظيم أن أحافظ مخلصًا على النظام الجمهوري، وأن أحترم الدستور والقانون، وأن أرعي مصالح الشعب رعاية كاملة، وأن أحافظ على استقلال الوطن ووحدة وسلامة أراضيه".

제166조

총리와 정부 구성원의 급여는 법률로 정하고, 그들 중 어느 누구도 다른 급여나 기타 보수를 받을 수 없으며, 임기 중에 직접 또는 중개인을 통해서 독립적인 직업, 상업·금융·산업 활동을 할 수 없다. 또한 국유재산이나 공익 법인, 공공부문이나 공적 업무 분야의 회사를 매수하거나 임대할 수 없고, 이들의 자산을 임대차, 매매, 교환할 수 없으며, 판매자, 공급자, 계약자 등으로써 계약을 체결할 수 없다. 그러한 행위는 모두 무효로 간주된다.

총리와 정부 구성원은 임무 중과 종료 시 그리고 매년 말에 재산내역을 신고해야 하며, 이는 관보에 공포한다.

그들 중 누군가가 직무와 관련하여 직접 또는 중개인을 통해 현금이나 현물을 선물로 받은 경우 이의 소유권은 국고로 귀속된다. 이에 관한 내용은 법률로 정한다.

(المادة ١٦٦)

يحدد القانون مرتب رئيس مجلس الوزراء، وأعضاء الحكومة، ولا يجوز لأي منهم أن يتقاضى أي مرتب، أو مكافأة أخرى، ولا أن يزاول طوال مدة توليه منصبه، بالذات أو بالواسطة، مهنة حرة، أو عملًا تجاريًا، أو ماليًا، أو صناعيًا، ولا أن يشتري، أو يستأجر شيئا من أموال الدول، أو أي من أشخاص القانون العام، أو شركات القطاع العام، أو قطاع الأعمال العام، ولا أن يؤجرها، أو يبيعها شيئا من أمواله، ولا أن يقايضها عليه، ولا أن يبرم معها عقد التزام، أو توريد، أو مقاولة، أو غيرها ويقع باطلا أي من هذه التصرفات. ويتعين على رئيس مجلس الوزراء، وأعضاء الحكومة تقديم إقرار ذمة مالية عند توليهم وتركهم مناصبهم، وفي نهاية كل عام، وينشر في الجريدة الرسمية.

وإذا تلقى أي منهم، بالذات أو بالواسطة، هدية نقدية، أو عينية بسبب منصبه، أو بمناسبته، تؤول ملكيتها إلى الخزانة العامة للدولة، وذلك كله على النحو الذي

제167조

정부는 특히 다음과 같은 권한을 수행한다.

1. 대통령과 함께 국가의 공공정책 수립과 집행 감독에 참여

2. 국가 안보 유지와 국민의 권리 및 국가의 이익 보호

3. 정부 부처와 공공 기구 및 기관의 업무 지시, 조정, 후속조치

4. 법률안 및 결의안 준비

5. 법률에 따른 행정 결정 공포 및 집행의 후속조치

6. 국가의 일반계획안(국정 계획) 준비

7. 국가의 일반예산안 준비

8. 헌법 규정에 따른 차관 계약 및 대출

9. 법률 집행

ينظمه القانون.

(المادة ١٦٧)

تمارس الحكومة، بوجه خاص، الاختصاصات الآتية:

١. الاشتراك مع رئيس الجمهورية في وضع السياسة العامة للدولة، والإشراف على تنفيذها.

٢. المحافظة على أمن الوطن وحماية حقوق المواطنين ومصالح الدولة.

٣. توجيه أعمال الوزارات، والجهات، والهيئات العامة التابعة لها، والتنسيق بينها، ومتابعتها.

٤. إعداد مشروعات القوانين، والقرارات.

٥. إصدار القرارات الإدارية وفقًا للقانون، ومتابعة تنفيذها.

٦. إعداد مشروع الخطة العامة للدولة.

٧. إعداد مشروع الموازنة العامة للدولة.

٨. عقد القروض، ومنحها، وفقًا لأحكام الدستور.

٩. تنفيذ القوانين.

제168조

장관은 주무 부서와 협력하여 부처의 정책을 입안하고 조정하며, 정책을 집행하고 지시하고 감독한다. 이는 국가의 공공정책 내에서 이루어진다.

각 부처의 안정성과 정책 집행의 효율성을 보장하기 위해 모든 부처의 고위 관리직에는 차관을 둔다.

제169조

정부의 구성원은 누구나 의회나 위원회에서 직무와 관련된 성명을 발표할 수 있다.

하원이나 위원회는 이 성명에 관해 토의하고 의견을 표명할 수 있다.

제170조

총리는 법률 집행에 필요한 규정을 공포할 수 있으나 그

(المادة ١٦٨)

يتولى الوزير وضع سياسة وزارته بالتنسيق مع الجهات المعنية، ومتابعة تنفيذها، والتوجيه والرقابة، وذلك في إطار السياسة العامة للدولة.

وتشمل مناصب الإدارة العليا لكل وزارة وكيلًا أولًا، بما يكفل تحقيق الاستقرار المؤسسي ورفع مستوى الكفاءة في تنفيذ سياستها.

(المادة ١٦٩)

يجوز لأي من أعضاء الحكومة إلقاء بيان أمام مجلس النواب، أو إحدى لجانه، عن موضوع يدخل في اختصاصه.

ويناقش المجلس، أو اللجنة هذا البيان، ويبدي ما يرى بشأنه.

(المادة ١٧٠)

يصدر رئيس مجلس الوزراء اللوائح اللازمة لتنفيذ

규정이 법 집행을 방해하거나 수정하거나 또는 면제하여
서는 아니된다. 규정의 공포권자가 법률로 규정되어 있지
않은 경우 총리는 위 권한을 위임할 수 있다.

제171조
총리는 내각의 승인 이후 공공시설과 공공기관의 설립 및
조직에 필요한 규정을 공포한다.

제172조
총리는 내각의 승인 이후 징계 규정을 공포한다.

제173조
총리 및 정부 구성원이 그들의 직무와 관련하여 범죄를 저
지른 경우 조사와 재판에 관한 규정의 적용을 받는다. 직
무와 관련한 범죄를 저지른 자가 사임하더라도 공소 제기

القوانين بما ليس فيه تعطيل، أو تعديل، أو إعفاء من تنفيذها، وله أن يفوض غيره في إصدارها، إلا إذا حدد القانون من يصدر اللوائح اللازمة لتنفيذه.

(المادة ١٧١)

يصدر رئيس مجلس الوزراء القرارات اللازمة لإنشاء المرافق والمصالح العامة وتنظيمها، بعد موافقة مجلس الوزراء.

(المادة ١٧٢)

يصدر رئيس مجلس الوزراء لوائح الضبط، بعد موافقة مجلس الوزراء.

(المادة ١٧٣)

يخضع رئيس مجلس الوزراء وأعضاء الحكومة للقواعد العامة المنظمة لإجراءات التحقيق والمحاكمة، في حالة ارتكابهم لجرائم أثناء ممارسة مهام وظائفهم أو بسببها،

에 영향을 미치지 아니한다.

그들(총리 및 정부 구성원)이 국가반역죄로 공소 제기된 경우 헌법 제159조의 규정이 적용된다.

제174조

총리는 사임할 경우 대통령에게 사직서를 제출해야 하며, 장관은 사임할 경우 총리에게 사직서를 제출해야 한다.

제3항 지방 정부

제175조

국가는 법인격을 가진 행정단위를 주(州), 시(市), 읍(邑)으로 구분한다. 공익상 필요한 경우 법인격을 가진 다른 행정단위를 설립할 수 있다.

ولا يحول تركهم لمناصبهم دون إقامة الدعوى عليهم أو الاستمرار فيها.

وتطبق في شأن إقامتهم بجريمة الخيانة العظمى، الأحكام الواردة في المادة (١٥٩) من الدستور.

(المادة ١٧٤)

إذا تقدم رئيس مجلس الوزراء بالاستقالة، وجب تقديم كتاب الاستقالة إلى رئيس الجمهورية، وإذا قدم أحد الوزراء استقالته وجب تقديمها إلى رئيس مجلس الوزراء.

الفرع الثالث الإدارة المحلية

(المادة ١٧٥)

تقسم الدولة إلى وحدات إدارية تتمتع بالشخصية الاعتبارية، منها المحافظات، والمدن، والقرى، ويجوز إنشاء وحدات إدارية أخرى تكون لها الشخصية

지방 정부들 간의 경계선 설립, 수정, 폐지는 경제적·사회적 환경이 고려되어야 한다. 이에 관한 내용은 법률로 정한다.

제176조

국가는 행정적·재정적·경제적 측면에서 지방 분권 강화를 보장하고, 지방 정부가 지역 시설을 제공, 발전, 관리, 개선할 수 있도록 법률로 정해야 한다. 권력과 예산을 지방 정부로 이전하기 위한 계획을 수립해야 한다.

제177조

국가는 법률이 정하는 바에 따라 지방 정부가 필요로 하는 과학·기술·행정·재정에 관한 지원을 보장하고, 시설·서비스·자원의 공정한 분배, 성장 수준의 근접(도달), 사회 정의를 실현할 수 있도록 보장한다.

الاعتبارية، إذا اقتضت المصلحة العامة ذلك.

ويراعى عند إنشاء أو تعديل أو الغاء الحدود بين الوحدات المحلية، الظروف الاقتصادية والاجتماعية، وذلك كله على النحو الذي ينظمه القانون.

(المادة ١٧٦)

تكفل الدولة دعم اللامركزية الإدارية والمالية والاقتصادية، وينظم القانون وسائل تمكين الوحدات الإدارية من توفير المرافق المحلية، والنهوض بها، وحسن إدارتها، ويحدد البرنامج الزمني لنقل السلطات والموازنات إلى وحدات الإدارة المحلية.

(المادة ١٧٧)

تكفل الدولة توفير ما تحتاجه الوحدات المحلية من معاونة علمية، وفنية، وإدارية، ومالية، وتضمن التوزيع العادل للمرافق، والخدمات، والموارد، وتقريب مستويات التنمية، وتحقيق العدالة الاجتماعية بين هذه

제178조

지방 정부의 예산은 독립적이다.

지방 정부의 자산에는 국가가 할당하는 자원, 세금, 부가세, 지방 자체 수수료를 포함한다. 징수 규정과 절차는 국가의 자금 징수 시와 동일하다.

이에 관한 내용은 법률로 정한다.

제179조

주지사와 지역 행정단체장의 임명, 선출 방식 및 권한은 법률로 정한다.

제180조

지방 의회 의원은 일반·비밀·직접 투표로 선출되며, 임

الوحدات، طبقًا لما ينظمه القانون.

(المادة ١٧٨)

يكون للوحدات المحلية موازنات مالية مستقلة.

يدخل في مواردها ما تخصصه الدولة لها من موارد، والضرائب والرسوم ذات الطابع المحلي الأصلية، والإضافية، وتطبق في تحصيلها القواعد، والإجراءات المتبعة في تحصيل أموال الدولة.

وكل ذلك على النحو الذي ينظمه القانون.

(المادة ١٧٩)

ينظم القانون شروط وطريقة تعيين أو انتخاب المحافظين، ورؤساء الوحدات الإدارية المحلية الأخرى، ويحدد اختصاصاتهم.

(المادة ١٨٠)

تنتخب كل وحدة محلية مجلسًا بالاقتراع العام السري

기는 4년이다. 입후보자는 서력으로 21세에 달하여야 하고, 기타 입후보자의 조건 및 선거 절차는 법률로 정한다. 지방 의회 의석 수의 4분의 1은 35세 미만의 청년들에게, 4분의 1은 여성들에게 할당되어야 한다. 또한 노동자와 농민 대표자 비율이 전체 의석 수의 50% 이상이어야 하고, 이 비율(50%)에는 그리스도교인과 장애인의 대표가 포함되어야 한다.

지방 의회는 지역 발전 계획을 집행하고, 다양한 활동들을 감독하며, 지방 정부에 대한 제안·질의·통지 요청·대정부 질문 등과 같은 감시 역할을 해야 할 책임이 있다. 지역 단체장에 대한 불신임에 관한 내용은 법률로 정한다.

지방 의회의 기타 권한, 재정, 의원들의 보장책과 독립성에 관한 내용은 법률로 정한다.

المباشر، لمدة أربع سنوات، ويشترط في المترشح ألا يقل سنه عن إحدى وعشرين سنة ميلادية، وينظم القانون شروط الترشح الأخرى، وإجراءات الانتخاب، على أن يُخصص ربع عدد المقاعد للشباب دون سن خمس وثلاثين سنة، وربع العدد للمرأة، على ألا تقل نسبة تمثيل العمال والفلاحين عن خمسين بالمائة من إجمالي عدد المقاعد، وأن تتضمن تلك النسبة تمثلًا مناسبًا للمسيحيين وذوي الإعاقة.

وتختص المجالس المحلية بمتابعة تنفيذ خطة التنمية، ومراقبة أوجه النشاط المختلفة، وممارسة أدوات الرقابة على السلطة التنفيذية من اقتراحات، وتوجيه أسئلة، وطلبات إحاطة، واستجوابات وغيرها، وفي سحب الثقة من رؤساء الوحدات المحلية، على النحو الذي ينظمه القانون.

ويحدد القانون اختصاصات المجالس المحلية الأخرى، ومواردها المالية وضمانات أعضائها واستقلالها.

제181조

권한 내에서 공포되는 지방 의회의 결정은 최종적이다. 지방 의회가 월권을 하거나 공익 및 다른 지방 의회들의 이익에 손해를 끼치지 아니하는 한 정부의 간섭은 허용되지 아니한다.

읍, 군, 시의 지방 의회들 간에 권한 분쟁이 발생할 경우 주의 지방 의회가 이를 해결한다. 주의 지방 의회들 간에 권한 분쟁이 있을 경우 국가 의회의 파트와[32] 위원회와 법제 위원회에서 긴급 사안으로 처리한다.

이에 관한 내용은 법률로 정한다.

제182조

모든 지방 의회는 법률이 정하는 바에 따라 예산과 결산을 담당한다.

(المادة ١٨١)

قرارات المجلس المحلي الصادرة في حدود اختصاصه نهائية، ولا يجوز تدخّل السلطة التنفيذية فيها، إلا لمنع تجاوز المجلس لهذه الحدود، أو الإضرار بالمصلحة العامة، أو بمصالح المجالس المحلية الأخرى.

وعند الخلاف على اختصاص هذه المجالس المحلية للقرى أو المراكز أو المدن، يفصل فيه المجلس المحلي للمحافظة. وفي حالة الخلاف على اختصاص المجالس المحلية للمحافظات، تفصل فيه على وجه الاستعجال الجمعية العمومية لقسمي الفتوى والتشريع بمجلس الدولة، وذلك كله وفقا لما ينظمه القانون.

(المادة ١٨٢)

يضع كل مجلس محلي موازنته، وحسابه الختامي، على النحو الذي ينظمه القانون.

제183조

포괄적인 행정 수행의 일환으로 지방 의회를 해산하는 것은 허용되지 아니한다.

지방 의회의 해산 방식과 재선거에 관한 내용은 법률로 정한다.

(المادة ١٨٣)

لا يجوز حل المجالس المحلية بإجراء إداري شامل.

وينظم القانون طريقة حل أي منها، وإعادة انتخابه.

제3절
사법부

제1항 총칙

제184조

사법부는 독립적이고, 각 심급의 판결은 법률에 따라 공포
된다. 사법부의 권한은 법률로 정하고, 사법부의 업무 또
는 재판에 대한 간섭은 공소시효가 없는 범죄이다.

제185조

모든 사법 기관이나 기구는 자신들의 업무를 수행하고 독
립적인 예산을 가지며, 의회가 예산의 전체 항목을 토의한
다. 예산은 의회의 승인 후에 통합되어 국가 일반예산에
포함된다. 예산안에 대한 의견은 사법부의 업무를 규정하
는 법률안에 포함된다.

الفصل الثالث
السلطة القضائية

الفرع الأول أحكام عامة

(المادة ١٨٤)

السلطة القضائية مستقلة، تتولاها المحاكم على اختلاف أنواعها ودرجاتها، وتصدر أحكامها وفقًا للقانون، ويبين القانون صلاحياتها، والتدخل في شئون العدالة أو القضايا، جريمة لا تسقط بالتقادم.

(المادة ١٨٥)

تقوم كل جهة، أو هيئة قضائية على شئونها، ويكون لكل منها موازنة مستقلة، يناقشها مجلس النواب بكامل عناصرها، وتدرج بعد إقرارها في الموازنة العامة للدولة رقمًا واحدًا، ويؤخذ رأيها في مشروعات القوانين المنظمة لشئونها.

제186조

법관은 독립적이고 해임되지 아니하며 법률 외의 어떠한 권력도 법관의 직무에 영향을 미치지 아니한다. 법관은 권리와 의무에서 평등하다. 법관의 임명, 파견, 퇴직 및 징계에 관한 내용은 법률로 정한다. 법관 임무의 위임은 전적으로든 부분적으로든 사법부를 위해서나 법률이 정한 업무에서가 아닌 경우 허용되지 아니한다. 다만 사법부 및 법관의 독립성 및 공정성을 보호하고 이해 상충을 방지하기 위해 필요한 경우에는 그러하지 아니한다. 법관의 권리, 의무, 보장책에 관한 내용은 법률로 정한다.

제187조

재판은 공공질서나 공중도덕을 고려하여 비밀로 결정한 경우 이외에는 공개이며, 판결의 선고 또한 공개한다.

(المادة ١٨٦)

القضاة مستقلون غير قابلين للعزل، لا سلطان عليهم في عملهم لغير القانون، وهم متساوون في الحقوق والواجبات، ويحدد القانون شروط وإجراءات تعيينهم، وإعارتهم، وتقاعدهم، وينظم مساءلتهم تأديبيًا، ولا يجوز ندبهم كليا أو جزئيا إلا للجهات وفي الأعمال التي يحددها القانون، وذلك كله بما يحفظ استقلال القضاء والقضاة وحيدتهم، ويحول دون تعارض المصالح. ويبين القانون الحقوق والواجبات والضمانات المقرره لهم.

(المادة ١٨٧)

جلسات المحاكم علنية، إلا إذا قررت المحكمة سريتها مراعاة للنظام العام، أو الآداب، وفي جميع الأحوال يكون النطق بالحكم في جلسة علنية.

제2항 사법부와 검찰

제188조

사법부는 기타 사법 기관이 전담하는 것을 제외한 모든 분쟁과 범죄의 판결을 전담한다. 사법부 구성원의 업무와 관련된 분쟁은 사법부만이 판결한다. 사법부의 업무는 최고위원회가 관리하고, 그 구성과 권한은 법률로 정한다.

제189조

검찰은 사법부와 분리될 수 없는 일부이고 수사, 고소 및 법률이 예외로 하는 것을 제외한 공소 제기를 담당하며, 검찰의 기타 권한은 법률로 정한다.

검찰은 최고사법위원회가 파기법원 부원장들, 항소법원장들, 차장검사들 중에서 선출하는 검찰총장이 책임을 진다. 검찰총장은 대통령이 임명하며, 4년의 임기 또는 정년퇴직까지의 잔여 기간 중에 더 짧은 기간 동안 재직하고, 재임할 수 없다.

الفرع الثاني القضاء والنيابة العامة

(المادة ١٨٨)

يختص القضاء بالفصل في كافة المنازعات والجرائم، عدا ما تختص به جهة قضائية أخرى، ويفصل دون غيره في المنازعات المتعلقة بشئون أعضائه، ويدير شئونه مجلس أعلى ينظم القانون تشكيله واختصاصاته.

(المادة ١٨٩)

النيابة العامة جزء لا يتجزأ من القضاء، تتولى التحقيق، وتحريك، ومباشرة الدعوى الجنائية عدا ما يستثنيه القانون، ويحدد القانون اختصاصاتها الأخرى.

ويتولى النيابة العامة نائب عام يختاره مجلس القضاء الأعلى، من بين نواب رئيس محكمة النقض، أو الرؤساء بمحاكم الاستئناف، أو النواب العامين المساعدين، ويصدر بتعيينه قرار من رئيس الجمهورية لمدة أربع سنوات، أو للمدة الباقية حتى بلوغه سن

제3항 국가위원회의 판결

제190조

국가위원회는 행정 분쟁 및 집행 분쟁, 징계 소송 및 항소에 대한 판결을 전담하는 독립적인 사법 기구이다. 또한 법률이 정하는 기관들의 법적인 문제에 관한 의견 표명 및 검토, 입법의 특성을 가진 법률안과 결의안의 작성, 국가나 공공기관이 당사자가 되는 계약 초안의 검토를 담당한다. 국가위원회의 기타 권한은 법률로 정한다.

التقاعد، أيهما أقرب، ولمرة واحدة طوال مدة عمله.

الفرع الثالث قضاء مجلس الدولة

(المادة ١٩٠)

مجلس الدولة جهة قضائية مستقلة، يختص دون غيره بالفصل في المنازعات الإدارية، ومنازعات التنفيذ المتعلقة بجميع أحكامه، كما يختص بالفصل في الدعاوى والطعون التأديبية، ويتولى وحده الإفتاء في المسائل القانونية للجهات التي يحددها القانون، ومراجعة، وصياغة مشروعات القوانين والقرارات ذات الصفة التشريعية، ومراجعة مشروعات العقود التي تكون الدولة، أو إحدى الهيئات العامة طرفًا فيها، ويحدد القانون اختصاصاته الأخرى.

제4절

최고헌법재판소

제191조

최고헌법재판소는 독립적이고 자주적인 사법기관이며, 본부는 카이로시에 둔다. 특별히 필요한 경우 재판소 총회의 승인을 얻어 국내의 다른 장소에서 회의를 개최할 수 있다. 최고헌법재판소는 독립적인 예산을 가지며, 의회가 예산의 전체 항목을 토의한다. 예산은 의회 승인 후에 통합되어 국가 일반예산에 포함된다. 재판소 총회가 그 업무를 담당하고, 예산안에 대한 의견은 재판소 업무에 관한 법률안에 포함된다.

제192조

최고헌법재판소는 법률과 규정의 합헌성에 대한 심사, 입법 문서 해석, 재판소 내부에 존재하는 분쟁 및 사법기관들 간의 권한 분쟁에 대하여 전속적으로 판결한다. 또한

الفصل الرابع
المحكمة الدستورية العليا

(المادة ١٩١)

المحكمة الدستورية العليا جهة قضائية مستقلة، قائمة
بذاتها، مقرها مدينة القاهرة، ويجوز في حالة الضرورة
انعقادها في أي مكان آخر داخل البلاد، بموافقة
الجمعية العامة للمحكمة، ويكون لها موازنة مستقلة،
يناقشها مجلس النواب بكامل عناصرها، وتدرج بعد
إقرارها في الموازنة العامة للدولة رقمًا واحدًا، وتقوم
الجمعية العامة للمحكمة على شئونها، ويؤخذ رأيها
في مشروعات القوانين المتعلقة بشئون المحكمة.

(المادة ١٩٢)

تتولى المحكمة الدستورية العليا دون غيرها الرقابة
القضائية على دستورية القوانين، واللوائح، وتفسير
النصوص التشريعية، والفصل في المنازعات المتعلقة

사법기관이나 사법 권한을 가진 기관이 공포한 최종 판결과 그 외 기관에서 공포한 최종 판결이 모순된 경우 이에 관한 분쟁을 해결한다.

최고헌법재판소의 기타 권한과 준수해야 할 절차에 관한 내용은 법률로 정한다.

제193조

최고헌법재판소는 소장과 충분한 수의 부소장들로 구성된다.

최고헌법재판소 전권위원회는 의장, 충분한 수의 국장들, 고문들, 고문 보좌관들로 구성된다.

총회는 3명의 선임 부소장들 중에서 소장을 선출하고, 부소장 및 전권위원회 위원들을 선출하며, 대통령이 이들을

بشئون أعضائها، وفي تنازع الاختصاص بين جهات القضاء، والهيئات ذات الاختصاص القضائي، والفصل في النزاع الذي يقوم بشأن تنفيذ حكمين نهائيين متناقضين صادر أحدهما من أي جهة من جهات القضاء، أو هيئة ذات اختصاص قضائي، والآخر من جهة أخرى منها، والمنازعات المتعلقة بتنفيذ أحكامها، والقرارات الصادرة منها.

ويعين القانون الاختصاصات الأخرى للمحكمة، وينظم الإجراءات التي تتبع أمامها.

(المادة ١٩٣)

تؤلف المحكمة من رئيس، وعدد كاف من نواب الرئيس.

وتؤلف هيئة المفوضين بالمحكمة من رئيس، وعدد كاف من الرؤساء بالهيئة، والمستشارين، والمستشارين المساعدين.

وتختار الجمعية العامة رئيس المحكمة من بين أقدم

임명한다. 이에 관한 내용은 법률로 정한다.

제194조

최고헌법재판소의 소장, 부소장, 전권위원회 위원은 독립적이고 해임되지 아니하며, 법률 이외의 어떠한 권력도 이들의 업무에 영향을 미치지 아니한다. 이들의 자격 조건에 관한 내용은 법률로 정한다. 재판소는 법률이 정한 바에 따라 이들에 대한 징계를 할 수 있다. 사법부 구성원들에게 부여된 모든 권리, 의무, 보장책은 이들에게도 동일하게 적용된다.

제195조

최고헌법재판소가 공포하는 판결과 결정은 관보에 게재되며, 이는 모든 사람들과 모든 국가 권력기관들에 대하여

ثلاثة نواب لرئيس المحكمة، كما تختار نواب الرئيس، وأعضاء هيئة المفوضين بها، ويصدر بتعيينهم قرار من رئيس الجمهورية، وذلك كله على النحو المبين بالقانون.

(المادة ١٩٤)

رئيس ونواب رئيس المحكمة الدستورية العليا، ورئيس وأعضاء هيئة المفوضين بها، مستقلون وغير قابلين للعزل، ولا سلطان عليهم في عملهم لغير القانون، ويبين القانون الشروط الواجب توافرها فيهم، وتتولى المحكمة مساءلتهم تأديبيًا، على الوجه المبين بالقانون، وتسري بشأنهم جميع الحقوق والواجبات والضمانات المقررة لأعضاء السلطة القضائية.

(المادة ١٩٥)

تنشر في الجريدة الرسمية الأحكام والقرارات الصادرة من المحكمة الدستورية العليا، وهي ملزمة للكافة وجميع

절대적인 기속력을 갖는다.

어느 법 조항이 위헌으로 결정될 경우의 후속조치는 법률로 정한다.

سلطات الدولة، وتكون لها حجية مطلقة بالنسبة لهم. وينظم القانون ما يترتب على الحكم بعدم دستورية نص تشريعي من آثار.

제5절

사법기관

제196조

국가재판소는 독립적인 사법기관이고 국가가 제기한 소송이나 국가를 상대로 한 소송에서 국가를 대리한다. 국가재판소는 모든 소송 단계에서 조정을 제안할 수 있고 국가 행정기관에서 진행하는 소송에 대한 전체적인 감독을 한다. 또한 국가재판소는 행정기관으로부터 이송받아 국가가 당사자가 되는 계약서의 초안을 작성한다. 이에 대한 내용은 법률로 정한다.

국가재판소의 기타 권한은 법률로 정하고, 사법부 구성원들에게 부여된 모든 보장책, 권리, 의무가 이들에게도 적용된다. 이들에 대한 징계는 법률로 정한다.

الفصل الخامس
الهيئات القضائية

(المادة ١٩٦)

قضايا الدولة هيئة قضائية مستقلة، تنوب عن الدولة فيما يرفع منها أو عليها من دعاوي، وفي اقتراح تسويتها وديًا في أي مرحلة من مراحل التقاضي، والإشراف الفني على إدارات الشئون القانونية بالجهاز الإداري للدولة بالنسبة للدعاوي التي تباشرها، وتقوم بصياغة مشروعات العقود التي تحال إليها من الجهات الإدارية وتكون الدولة طرفًا فيها، وذلك كله وفقًا لما ينظمه القانون.

ويحدد القانون اختصاصاتها الأخرى، ويكون لأعضائها كافة الضمانات والحقوق والواجبات المقررة لأعضاء السلطة القضائية، وينظم القانون مساءلتهم تأديبيًا.

제197조

행정검찰은 독립적인 사법기관이고, 각 행정기관의 행정적·재정적 위반 및 이와 관련된 사건에 대하여 수사한다. 행정검찰은 이를 위반한 행정기관을 징계할 수 있으며, 행정검찰의 결정에 대하여 국무회의에 소속된 징계재판소에 이의를 제기할 수 있다. 또한 행정검찰은 국무회의 소속 징계재판소에서 진행되는 소송과 징계에 대한 이의를 담당한다. 이에 관한 내용은 법률로 정한다.

행정검찰의 기타 권한은 법률로 정하고, 사법부 구성원들에게 규정된 보장책, 권리, 의무가 행정검찰의 구성원들에게도 동일하게 적용된다. 그들에 대한 징계는 법률로 정한다.

(المادة ١٩٧)

النيابة الإدارية هيئة قضائية مستقلة، تتولى التحقيق في المخالفات الإدارية والمالية، وكذا التي تحال إليها ويكون لها بالنسبة لهذه المخالفات السلطات المقررة لجهة الإدارة في توقيع الجزاءات التأديبية، ويكون الطعن في قراراتها أمام المحكمة التأديبية المختصة بمجلس الدولة، كما تتولى تحريك ومباشرة الدعاوي والطعون التأديبية أمام محاكم مجلس الدولة، وذلك كله وفقًا لما ينظمه القانون.

ويحدد القانون اختصاصاتها الأخرى، ويكون لأعضائها الضمانات والحقوق والواجبات المقررة لأعضاء السلطة القضائية. وينظم القانون مساءلتهم تأديبيًا.

제6절

변호인

제198조

변호인은 독립적인 직업이고, 사법부와 함께 정의, 법주권, 방호권 보장의 실현에 동참한다. 모든 공익 전담 변호인과 기관·공공부문 회사·공공사업분야의 변호인들은 독립적으로 직무를 수행한다. 또한 모든 변호인들은 법원에서 변호하는 동안 법률에서 정하고 있는 보장책과 변호권을 누리고, 이는 수사기관과 그외 사법기관에서도 동일하게 적용된다. 현행범이 아닌 경우 변호권을 행사하는 변호인에 대한 체포나 구금은 허용되지 아니한다. 이에 관한 내용은 법률로 정한다.

الفصل السادس
المحاماة

(المادة ١٩٨)

المحاماة مهنة حرة، تشارك السلطة القضائية في تحقيق العدالة، وسيادة القانون، وكفالة حق الدفاع، ويمارسها المحامي مستقلًا، وكذلك محامو الهيئات وشركات القطاع العام وقطاع الأعمال العام. ويتمتع المحامون جميعًا أثناء تأديتهم حق الدفاع أمام المحاكم بالضمانات والحماية التي تقررت لهم في القانون مع سريانها عليهم أمام جهات التحقيق والاستدلال، ويحظر في غير حالات التلبس القبض على المحامي أو احتجازه أثناء مباشرته حق الدفاع، وذلك كله على النحو الذي يحدده القانون.

제7절

전문가

제199조

법률 전문가, 법의학 전문가 및 공증인들은 독립적으로 업무를 수행하고, 법률이 정하는 바에 따라 직무 수행에 필요한 보장책과 보호권을 갖는다.

الفصل السابع
الخبراء

(المادة ١٩٩)

الخبراء القضائيون، وخبراء الطب الشرعي، والأعضاء الفنيون بالشهر العقاري مستقلون في أداء عملهم، ويتمتعون بالضمانات والحماية اللازمة لتأدية أعمالهم، على النحو الذي ينظمه القانون.

제8절

군대 및 경찰

제1항 군대

제200조

군대는 국민에게 속하고, 국가 보호, 국가의 안보 및 영토의 안전을 수호한다. 오직 국가만 군대를 창설할 수 있으며, 어떠한 개인, 기관, 기구, 단체가 군대나 준군사 조직 및 단체를 창설하는 것은 허용되지 아니한다.

군대에는 법률이 정하는 바에 따라 최고위원회를 둔다.

제201조

국방부장관은 군대의 총사령관이고 장교들 중에서 임명된다.

الفصل الثامن
القوات المسلحة والشرطة

الفرع الأول القوات المسلحة

(المادة ٢٠٠)

القوات المسلحة ملك للشعب، مهمتها حماية البلاد،
والحفاظ على أمنها وسلامة أراضيها، والدولة وحدها
هى التى تنشىء هذه القوات، ويحظر على أي فرد أو
هيئة أو جهة أو جماعة إنشاء تشكيلات أو فرق أو
تنظيمات عسكرية أو شبه عسكرية.
ويكون للقوات المسلحة مجلس أعلى، على النحو
الذي ينظمه القانون.

(المادة ٢٠١)

وزير الدفاع هو القائد العام للقوات المسلحة، ويعين
من بين ضباطها.

제202조

총동원령 및 군대에서의 병역, 승진, 은퇴에 관한 내용은
법률로 정한다.

군대의 장교와 사병을 위해 설립된 사법위원회에서는 그
들의 업무에 관련된 모든 분쟁에 관한 판결을 전담하고,
이 위원회의 결정에 관한 이의제기 절차에 대해서는 법률
로 정한다.

제2항 국방위원회

제203조

국방위원회는 대통령을 의장으로 하고 총리, 의회 의장,
국방부장관, 외무부장관, 재무부장관, 내무부장관, 정보부
장, 참모총장, 해군사령관, 공군사령관, 방공사령관, 작전
부사령관, 군정보정찰국장을 위원으로 하여 설치된다.

국방위원회는 국가의 안보, 안전, 국방예산의 토의에 관한
사안들을 검토하고, 검토된 국방예산안은 국가 일반예산

(المادة ٢٠٢)

ينظم القانون التعبئة العامة، وييين شروط الخدمة، والترقية، والتقاعد في القوات المسلحة.

وتختص اللجان القضائية لضباط وأفراد القوات المسلحة، دون غيرها، بالفصل في كافة المنازعات الإدارية الخاصة بالقرارات الصادرة في شأنهم، وينظم القانون قواعد وإجراءات الطعن في قرارات هذه اللجان.

الفرع الثاني مجلس الدفاع الوطني

(المادة ٢٠٣)

ينشأ مجلس الدفاع الوطني، برئاسة رئيس الجمهورية، وعضوية رئيس مجلس الوزراء، ورئيس مجلس النواب، ووزراء الدفاع، والخارجية، والمالية، والداخلية، ورئيس المخابرات العامة، ورئيس أركان حرب القوات المسلحة، وقادة القوات البحرية، والجوية، والدفاع الجوي، ورئيس هيئة عمليات القوات المسلحة، ودمير

에 통합되며, 국방위원회의 의견은 군대와 관련된 법안에 포함된다.

기타 권한은 법률로 정한다.

예산 토의 시에는 군 재무부 단장, 의회의 기획예산위원회 의장, 국가방위안전위원회 의장이 참여한다.

대통령은 국방에 관련된 전문가들을 국방위원회에 참석시킬 수 있으나, 그들에게 표결권은 없다.

제3항 군사법원

제204조

군사법원은 독립된 사법기관이며 군대, 장교, 사병, 그들

إدارة المخابرات الحربية والاستطلاع.

ويختص بالنظر في الشئون الخاصة بوسائل تأمين البلاد، وسلامتها، ومناقشة موازنة القوات المسلحة، وتدرج رقمًا واحدًا في الموازنة العامة للدولة، ويؤخذ رأيه في مشروعات القوانين المتعلقة بالقوات المسلحة.

ويحدد القانون اختصاصاته الأخرى.

وعند مناقشة الموازنة، يُضم رئيس هيئة الشئون المالية للقوات المسلحة، ورئيسا لجنتي الخطة والموازنة، والدفاع والأمن القومي بمجلس النواب.

ولرئيس الجمهورية أن يدعو من يرى من المختصين، والخبراء لحضور اجتماع المجلس دون أن يكون له صوت معدود.

الفرع الثالث القضاء العسكري

(المادة ٢٠٤)

القضاء العسكري جهة قضائية مستقلة، يختص دون

의 통솔 하에 있는 사람과 관련된 모든 범죄와 정보부 구성원이 재직 중이나 업무로 인해 저지른 범죄의 판결을 전담한다.

군인이 아닌 국민은 군사재판을 받지 아니한다. 다만 군사시설, 병영, 군사지역 및 국경지역에 침입하였거나 또는 군사장비, 차량, 무기, 탄약, 문서, 군사비밀, 공적 자금, 군수공장, 징병과 관련된 범죄를 저지른 경우와, 직무 수행 중인 장교나 사병을 공격한 경우에는 그러하지 아니한다. 이와 같은 범죄와 기타 군사법원의 권한은 법률로 정한다. 군사법원의 법관들은 독립적이고 해임되지 아니하며, 일반법원과 같은 보장책, 권리, 의무를 가진다.

غيره بالفصل في كافة الجرائم المتعلقة بالقوات المسلحة وضباطها وأفرادها ومن في حكمهم، والجرائم المرتكبة من أفراد المخابرات العامة أثناء وبسبب الخدمة.

ولا يجوز محاكمة مدني أمام القضاء العسكري، إلا في الجرائم التي تمثل إعتداءً مباشرًا على المنشأت العسكرية أو معسكرات القوات المسلحة أو ما في حكمها، أو المناطق العسكرية أو الحدودية المقررة كذلك، أو معداتها أو مركباتها أو أسلحتها أو ذخائرها أو وثائقها أو أسرارها العسكرية أو أموالها العامة أو المصانع الحربية، أو الجائم المتعلقة بالتجنيد، أو الجرائم التي تمثل اعتداءً مباشرًا على ضباطها أو أفرادها بسبب تأدية أعمال وظائفهم.

ويحدد القانون تلك الجرائم، ويبين اختصاصات القضاء العسكري الأخرى.

وأعضاء القضاء العسكري مستقلون غير قابلين للعزل، وتكون لهم كافة الضمانات والحقوق والواجبات المقررة لأعضاء السلطة القضائية.

제4항 국가안보위원회

제205조

국가안보위원회는 대통령을 의장으로 하고 총리, 의회 의장, 국방부장관, 내부무장관, 외무부장관, 재경부장관, 법무부장관, 보건부장관, 통신부장관, 교육부장관, 정보부장 및 의회 국가방위안보위원회 위원장을 위원으로 하여 설치된다.

국가안보위원회는 국가 안보 수립, 재난과 위기 상황에 대한 대처, 이집트 안보에 대한 국내·외의 위험 소지가 있는 근원들의 차단, 공식 및 국민 차원에서 이들에 대처하기 위해 필요한 절차를 전담한다.

국가안보위원회는 경험과 전문성을 가진 사람들을 회의에 참석시킬 수 있으나, 그들에게 표결권은 없다.

국가안보위원회의 기타 권한 및 직무 규범에 관한 내용은 법률로 정한다.

الفرع الرابع مجلس الأمن القومي

(المادة ٢٠٥)

ينشأ مجلس للأمن القومي برئاسة رئيس الجمهورية،
وعضوية رئيس مجلس الوزراء، ورئيس مجلس النواب،
ووزراء الدفاع، والداخلية، والخارجية، والمالية،
والعدل، والصحة، والاتصالات، والتعليم، ورئيس
المخابرات العامة، ورئيس لجنة الدفاع والأمن القومي
بمجلس النواب.

ويختص بإقرار استراتيجيات تحقيق أمن البلاد، ومواجهة
حالات الكوارث، والأزمات بشتى أنواعها، واتخاذ ما
يلزم لاحتوائها، وتحديد مصادر الأخطار على الأمن
القومي المصري في الداخل، والخارج، والإجراءات
اللازمة للتصدى لها على المستويين الرسمي والشعبي.
وللمجلس أن يدعو من يرى من ذوي الخبرة
والاختصاص لحضور اجتماعه، دون أن يكون لهم
صوت معدود.

제5항 경찰

제206조

경찰은 국민에게 봉사하는 법적 시민 조직으로 국민에게 충성한다. 경찰은 시민들의 안전과 보안을 보장하고, 공공질서와 공중도덕의 보호를 위해 노력한다. 경찰은 헌법과 법률이 부여한 의무를 수행하고, 인권과 기본 자유를 존중해야 한다. 국가는 경찰조직 구성원들의 직무 수행을 보장하고, 이에 대한 내용은 법률로 정한다.

제207조

최고경찰관위원회는 경찰청 고위간부들과 국무회의 소속 파트와국 국장으로 구성된다. 최고경찰관위원회는 경찰 조직과 경찰 구성원 업무 운영에 대하여 내무부장관과 협

ويحدد القانون اختصاصاته الأخرى، ونظام عمله.

الفرع الخامس الشرطة

(المادة ٢٠٦)

الشرطة هيئة مدنية نظامية، في خدمة الشعب، وولاؤها له، وتكفل للمواطنين الطمأنينة والأمن، وتسهر على حفظ النظام العام، والآداب العامة، وتلتزم بما يفرضه عليها الدستور والقانون من واجبات، واحترام حقوق الإنسان وحرياته الأساسية، وتكفل الدولة أداء أعضاء هيئة الشرطة لواجباتهم، وينظم القانون الضمانات الكفيلة بذلك.

(المادة ٢٠٧)

يشكل مجلس أعلى للشرطة من بين أقدم ضباط هيئة الشرطة، ورئيس إدارة الفتوى المختص بمجلس الدولة، ويختص المجلس بمعاونة وزير الداخلية في

력한다. 최고경찰관위원회의 기타 권한에 관한 내용은 법률로 정하고, 위원회의 의견은 경찰과 관련된 법률에 포함된다.

تنظيم هيئة الشرطة وتسيير شئون أعضائها، ويحدد القانون اختصاصاته الأخرى، ويؤخذ رأيه في أية قوانين تتعلق بها.

제9절

국가선거위원회

제208조

국가선거위원회는 독립적인 기관이며, 유권자 데이터베이스 준비부터 업데이트, 선거구 분할 제안, 선거 광고, 자금, 선거 비용, 홍보 규정 제정, 선거 감시, 해외 거주 이집트인들의 투표 절차 간소화 및 국민투표, 대통령 선거, 의회 선거, 지방 의회 선거의 관리를 전담한다.

이에 관한 내용은 법률로 정한다.

제209조

국가선거위원회의 관리는 파기원 부의장들, 항소법원 법원장들, 국무회의 부의장들, 사법부 및 행정검찰에서 동등

الفصل التاسع
الهيئة الوطنية للانتخابات

(المادة ٢٠٨)

الهيئة الوطنية للانتخابات هيئة مستقلة، تختص دون غيرها بإدارة الاستفتاءات، والانتخابات الرئاسية، والنيابية، والمحلية، بدءا من إعداد قاعدة بيانات الناخبين وتحديثها، واقتراح تقسيم الدوائر، وتحديد ضوابط الدعاية والتمويل، والإنفاق الانتخابي، والإعلان عنه، والرقابة عليها، وتيسير إجراءات تصويت المصريين المقيمين في الخارج، وغير ذلك من الإجراءات حتى إعلان النتيجة.

وذلك كله على النحو الذي ينظمه القانون.

(المادة ٢٠٩)

يقوم على إدارة الهيئة الوطنية للانتخابات مجلس مكون من عشرة أعضاء يُنتدبون ندبا كليا بالتساوى

하게 파견된 10명의 위원으로 구성된 이사회가 수행한다. 이들은 최고사법위원회와 앞에서 언급된 사법 당국 및 기관에 속한 위원회가 상황에 따라 자신들의 구성원이 아닌 사람들 중에서 선출하며, 대통령의 승인으로 임명된다. 그들은 6년 단임제로 국가선거위원회 업무를 위해 파견되고, 위원장은 파기원의 가장 연장자가 맡는다.

국가선거위원회 위원의 절반은 3년마다 갱신된다.

국가선거위원회는 독립적인 공무원들, 전문가들, 선거 분야에 경험을 가진 자들에게 협조를 요청할 수 있으나, 그들에게는 투표권이 없다.

국가선거위원회에는 상임집행위원회를 두며, 위원들의 중립성 · 독립성 · 청렴성 실현, 상임집행위원회의 구성, 업무 시스템, 위원들의 권리와 의무 및 보장책에 관한 내용은 법률로 정한다.

من بين نواب رئيس محكمة النقض، ورؤساء محاكم الاستئناف، ونواب رئيس مجلس الدولة، وهيئة قضايا الدولة، والنيابة الإدارية، يختارهم مجلس القضاء الأعلى، والمجالس الخاصة للجهات والهيئات القضائية المتقدمة بحسب الأحوال، من غير أعضائها، ويصدر بتعيينهم قرار من رئيس الجمهورية. ويكون ندبهم للعمل بالهيئة ندبًا كليًا لدورة واحدة مدتها ست سنوات، وتكون رئاستها لأقدم أعضائها من محكمة النقض.

ويتجدد نصف عدد أعضاء المجلس كل ثلاث سنوات. وللهيئة أن تستعين بمن ترى من الشخصيات العامة المستقلة، والمتخصصين، وذوي الخبرة في مجال الانتخابات دون أن يكون لهم حق التصويت.

يكون للهيئة جهاز تنفيذي دائم يحدد القانون تشكيله، ونظام العمل به، وحقوق وواجبات أعضائه وضماناتهم، بما يحقق لهم الحياد والاستقلال والنزاهة.

제210조

국가선거위원회는 국민투표와 선거에서 투표와 개표를 담당하며, 국가선거위원회 소속 위원들은 이사회의 감독 하에 있다. 국가선거위원회는 사법기관에서 파견된 구성원에게 협조를 요청할 수 있다.

이 헌법이 공포된 날로부터 10년동안 진행되는 선거와 국민투표의 투표 및 집계는 사법기관이 감독한다.

국민투표, 대통령 선거, 의회 선거와 그 결과에 관한 국가선거위원회의 결정에 대한 이의제기는 최고행정법원이 전담하고, 지방 선거에 대한 이의제기는 행정법원이 담당한다. 이러한 이의제기에 관한 내용은 법률로 정하고, 최고행정법원은 이의제기 일로부터 10일 이내에 최종 판결해야 한다.

(المادة ٢١٠)

يتولى إدارة الاقتراع، والفرز في الاستفتاءات، والانتخابات أعضاء تابعون للهيئة تحت إشراف مجلس إدارتها، ولها ان تستعين بأعضاء من الهيئات القضائية.

ويتم الاقتراع، والفرز في الانتخابات، والاستفتاءات التي تجري في السنوات العشر التالية لتاريخ العمل بهذا الدستور، تحت إشراف كامل من أعضاء الجهات والهيئات القضائية، وذلك على النحو المبين بالقانون.

وتختص المحكمة الإدارية العليا بالفصل في الطعون على قرارات الهيئة المتعلقة بالاستفتاءات والانتخابات الرئاسية والنيابية ونتائجها، ويكون الطعن على انتخابات المحليات أمام محكمة القضاء الإداري.

ويحدد القانون مواعيد الطعن على هذه القرارات على أن يتم الفصل فيه بحكم نهائي خلال عشرة أيام من تاريخ قيد الطعن.

제10절

최고미디어조직위원회

제211조

최고미디어조직위원회는 법인격을 지닌 독립된 조직으로서 전문적·재정적·행정적 독립성을 누리며 독립적인 예산을 갖는다.

최고미디어조직위원회는 시청각 보도, 인쇄 및 디지털 언론 등의 업무를 규제한다.

최고미디어조직위원회는 헌법에 명시된 언론과 언론의 자유를 보장하고, 독립성·중립성·다양성을 보호하며, 독점 행위를 방지하고, 자금의 적법성을 감시한다. 또한 최고미디어조직위원회는 법률이 정한 바에 따라 국가 안보를 위하여 필요한 언론과 보도 매체의 보도 기준을 수립한다.

최고미디어조직위원회의 구성, 업무 시스템, 직원의 업무에 관한 내용은 법률로 정한다.

الفصل العاشر
المجلس الأعلى لتنظيم الإعلام

(المادة ٢١١)

المجلس الأعلى لتنظيم الإعلام هيئة مستقلة تتمتع بالشخصية الاعتبارية والاستقلال الفني والمالي والإداري، وموازنتها مستقلة.

ويختص المجلس بتنظيم شئون الإعلام المسموع والمرئي، وتنظيم الصحافة المطبوعة، والرقمية، وغيرها.

ويكون المجلس مسئولًا عن ضمان وحماية حرية الصحافة والإعلام المقررة بالدستور، والحفاظ على استقلالها وحيادها وتعدديتها وتنوعها، ومنع الممارسات الاحتكارية، ومراقبة سلامة مصادر تمويل المؤسسات الصحفية والإعلامية، ووضع الضوابط والمعايير اللازمة لضمان التزام الصحافة ووسائل الإعلام بأصول المهنة وأخلاقياتها، ومقتضيات الأمن القوي، وذلك على الوجه المبين في القانون.

최고미디어조직위원회의 의견은 법률안과 업무 분야와 관련된 내규에 포함된다.

제212조

국가언론기구는 독립 기구로서 국영 언론기관들의 관리, 발전, 성장을 위해 노력하고, 현대화·독립성·중립성을 보장하며, 전문적·행정적·경제적 업무 등에 관한 올바른 수행을 위해 노력한다.

국가언론기구의 구성, 업무 시스템, 직원의 업무에 관한 내용은 법률로 정한다.

국가언론기구의 의견은 법률안과 업무 분야에 관련된 내규에 포함된다.

제213조

국가보도기구는 독립 기구로서 국영 시청각 및 디지털 보

يحدد القانون تشكيل المجلس، ونظام عمله، والأوضاع الوظيفية للعاملين فيه.

ويُؤخذ رأي المجلس في مشروعات القوانين، واللوائح المتعلقة بمجال عمله.

(المادة ٢١٢)

الهيئة الوطنية للصحافة هيئة مستقلة، تقوم على إدارة المؤسسات الصحفية المملوكة للدولة وتطويرها، وتنمية أصولها، وضمان تحديثها واستقلالها، وحيادها، والتزامها بأداء مهني، وإداري، واقتصادي رشيد.

ويحدد القانون تشكيل الهيئة، ونظام عملها، والأوضاع الوظيفية للعاملين فيها.

ويُؤخذ رأي الهيئة في مشروعات القوانين، واللوائح المتعلقة بمجال عملها.

(المادة ٢١٣)

الهيئة الوطنية للإعلام هيئة مستقلة، تقوم على إدارة

도기관들의 관리, 발전, 성장을 위해 노력하고, 독립성 · 중립성을 보장하며, 전문적 · 행정적 · 경제적 업무 등에 관한 올바른 수행을 위해 노력한다.

국가보도기구의 구성, 업무 시스템, 직원의 업무에 관한 내용은 법률로 정한다.

국가보도기구의 의견은 법률안과 업무 분야에 관련된 내규에 포함된다.

المؤسسات الإعلامية المرئية والإذاعية والرقمية المملوكة للدولة، وتطويرها، وتنمية أصولها، وضمان استقلالها وحيادها، والتزامها بأداء مهني، وإداري، واقتصادي رشيد.

ويحدد القانون تشكيل الهيئة، ونظام عملها، والأوضاع الوظيفية للعاملين فيها.

ويُؤخذ رأي الهيئة في مشروعات القوانين، واللوائح المتعلقة بمجال عملها.

국가위원회,

독립 단체 및 감독 기구

제1항 국가위원회

제214조

독립적인 국가위원회들은 법률로 정한다. 국가위원회들
에는 국가인권위원회, 국가여성위원회, 국가어린이 · 어머
니위원회, 국가장애위원회가 있다. 이들 위원회들의 구성,
권한, 위원들의 독립성과 중립성 및 보장책에 관한 내용은
법률로 정한다. 국가위원회는 모든 업무 분야에 관련된 법
률 위반에 대해 행정당국에 고발할 권리가 있다. 위원회들
은 법인격을 가지고, 전문적 · 재정적 · 행정적 독립성을
가지며, 이들의 의견은 위원회 업무에 관련된 내규에 포함
된다.

الفصل الحادي عشر
المجالس القومية
والهيئات المستقلة والأجهزة الرقابية

الفرع الأول المجالس القومية

(المادة ٢١٤)

يحدد القانون المجالس القومية المستقلة، ومنها المجلس القومي لحقوق الإنسان، والمجلس القومي للمرأة، والمجلس القومي للطفولة والأمومة، والمجلس القومي للأشخاص ذوي الإعاقة، ويبين القانون كيفية تشكيل كل منها، واختصاصاتها، وضمانات استقلال وحياد أعضائها، ولها الحق في إبلاغ السلطات العامة عن أي انتهاك يتعلق بمجال عملها.

وتتمتع تلك المجالس بالشخصية الاعتبارية والاستقلال الفني والمالي والإداري، ويُؤخذ رأيها في مشروعات القوانين، واللوائح المتعلقة بها، وبمجال أعمالها.

제2항 독립 기관 및 감독 기구

제215조

독립 기관들과 감독 기구들은 법률로 정한다. 이들은 법인격을 가지고 전문적 · 재정적 · 행정적 독립성을 누린다. 이들의 의견은 법률안과 이들의 업무 분야에 관련된 내규에 포함된다. 중앙은행, 금융감독원, 중앙감사원, 행정감독원이 이 기구에 해당한다.

제216조

각 독립 기관이나 감독 기구의 창설은 법률로 공포하고, 이들의 권한, 업무 시스템, 독립성, 구성원들에 대한 보호 및 기타 업무에 관한 내용은 법률로 정한다.

대통령은 의회 재적 의원 과반수의 승인을 얻은 후 독립 기관 및 감독 기구의 장을 임명한다. 장들의 임기는 4년이

الفرع الثاني الهيئات المستقلة والأجهزة الرقابية

(المادة ٢١٥)

يحدد القانون الهيئات المستقلة والأجهزة الرقابية. وتتمتع تلك الهيئات والأجهزة بالشخصية الاعتبارية، والاستقلال الفني والمالي والإداري، ويؤخذ رأيها في مشروعات القوانين، واللوائح المتعلقة بمجال عملها. وتعد من تلك الهيئات والاجهزة البنك المركزي والهيئة العامة للرقاباة المالية، والجهاز المركزي للمحاسبات، وهيئة الرقابة الإدارية.

(المادة ٢١٦)

يصدر بتشكيل كل هيئة مستقلة أو جهاز رقابي قانون، يحدد اختصاصاتها، ونظام عملها، وضمانات استقلالها، والحماية اللازمة لأعضائها، وسائر أوضاعهم الوظيفية، بما يكفل لهم الحياد والاستقلال. يعين رئيس الجمهورية رؤساء تلك الهيئات والأجهزة

며, 한 번에 한하여 재임이 가능하다. 그들은 법률에 정해진 경우가 아닌 한 해임되지 아니하며, 장관에게 적용된 조건이 그대로 적용된다.

제217조

독립 기구 및 감독 기관은 대통령, 의회 의장 및 총리에게 연례보고서를 발행하여 제출해야 한다.

의회는 연례보고서를 검토한 후 수령일부터 4개월 이내에 이에 대한 적절한 조치를 취하며, 이 보고서를 여론에 공포해야 한다.

독립 기구 및 감독 기관은 그들이 발견한 법률 위반 또는 범죄 증거를 해당 수사당국에 통보하고, 정해진 기간 이내에 이 보고서들에 대한 필요한 조치를 취해야 한다. 이에 관한 내용은 법률로 정한다.

بعد موافقة مجلس النواب بأغلبية أعضائه لمدة أربع سنوات قابلة للتجديد لمرة واحدة، ولا يُعفى أي منهم من منصبه إلا في الحالات المحددة بالقانون، ويُحظر عليهم ما يُحظر على الوزراء.

(المادة ٢١٧)

تقدم الهيئات المستقلة والأجهزة الرقابية، تقارير سنوية إلى كل من رئيس الجمهورية، ومجلس النواب، ورئيس مجلس الوزراء، فور صدورها.

وعلى مجلس النواب أن ينظرها، ويتخذ الإجراء المناسب حيالها في مدة لا تجاوز أربعة أشهر من تاريخ ورودها إليه، وتنشر هذه التقارير على الرأي العام.

وتبلغ الهيئات المستقلة والأجهزة الرقابية، سلطات التحقيق المختصة بما تكتشفه من دلائل على ارتكاب مخالفات، أو جرائم، وعليها أن تتخذ اللازم حيال تلك التقارير خلال مدة محددة، وذلك كله وفقًا لأحكام القانون.

제218조

국가는 부패와의 전쟁을 의무적인 것으로 생각하고, 해당 독립 기관 및 감독 기구를 법률로 정한다.

해당 독립 기관 및 감독 기구는 공공기능의 건전한 수행과 공적 자금을 보호하고, 유관 기구 및 기관과의 협력을 통해 부패와의 전쟁을 위한 국가 전략을 수립하고 이를 지속적으로 수행함으로써 부패와의 전쟁, 청렴성 및 투명성의 가치 강화에 상호 협력해야 한다. 이에 관한 내용은 법률로 정한다.

제219조

중앙감사원은 국가의 자산, 공공법인 및 법률이 정하는 기타 기구에 대하여 감독하고, 국가의 공적 예산 및 독립 예산의 집행 감독과 결산을 검토한다.

(المادة ٢١٨)

تلتزم الدولة بمكافحة الفساد، ويحدد القانون الهيئات المستقلة والأجهزة الرقابية المختصة بذلك.

وتلتزم الهيئات والأجهزة الرقابية المختصة بالتنسيق فيما بينها في مكافحة الفساد، وتعزيز قيم النزاهة والشفافية، ضمانًا لحسن أداء الوظيفة العامة والحفاظ على المال العام، ووضع ومتابعة تنفيذ الاستراتيجية الوطنية لمكافحة الفساد بالمشاركة مع غيرها من الهيئات والأجهزة المعنية، وذلك على النحو الذي ينظمه القانون.

(المادة ٢١٩)

يتولى الجهاز المركزي للمحاسبات الرقابة على أموال الدولة، والأشخاص الاعتبارية العامة، والجهات الأخرى التي يحددها القانون، ومراقبة تنفيذ الموازنة العامة للدولة والموازنات المستقلة، ومراجعة حساباتها الختامية.

제220조

중앙은행은 화폐, 신용, 은행에 관한 정책을 입안하고, 정책의 집행 및 은행의 정책 수행을 감독한다. 중앙은행은 독립적으로 화폐 발행권을 가지며, 법률이 정하는 바에 따라 화폐 및 금융 시스템의 안전성과 국가의 일반 경제정책 테두리 내에서 가격 안정성을 위해 노력해야 한다.

제221조

금융감독원은 자본시장, 선물거래, 보험업, 부동산 자금조달, 금융 대부업, 할인 및 증권화와 같은 시장 및 비 은행권의 금융 도구에 대한 감독 및 감시를 전담한다. 이에 관한 내용은 법률로 정한다.

(المادة ٢٢٠)

يختص البنك المركزي بوضع السياسات النقدية والائتمانية والمصرفية، ويشرف على تنفيذها، ومراقبة أداء الجهاز المصرفي، وله وحده حق إصدار النقد، ويعمل على سلامة النظام النقدي والمصرفي واستقرار الأسعار في إطار السياسة الاقتصادية العامة للدولة، على النحو الذي ينظمه القانون.

(المادة ٢٢١)

تختص الهيئة العامة للرقابة المالية بالرقابة والإشراف على الأسواق والأدوات المالية غير المصرفية، بما في ذلك أسواق رأس المال وبورصات العقود الآجلة وأنشطة التأمين، والتمويل العقاري، والتأجير التمويلي، والتخصيم والتوريق، وذلك على النحو الذي ينظمه القانون.

제6장
총칙 및 과도 규정

제1절
총칙

제222조

이집트 아랍 공화국의 수도는 카이로[33]이다.

제223조

이집트 아랍 공화국의 국기는 검정색, 흰색, 붉은색의 삼색으로 구성되고, 국기에는 "쌀라흐 알딘[34]의 독수리"가 노란 금색으로 새겨져 있다. 공화국의 문장(紋章), 훈장, 휘장, 인장, 국가(國歌)는 법률로 정한다.

이집트 국기에 대한 훼손은 법률로써 처벌하는 범죄이다.

الباب السادس
الأحكام العامة والانتقالية

الفصل الأول
الأحكام العامة

(المادة ٢٢٢)

مدينة القاهرة عاصمة جمهورية مصر العربية.

(المادة ٢٢٣)

العلم الوطني لجمهورية مصر العربية مكون من ثلاثة
ألوان هي الأسود، والأبيض، والأحمر، وبه نسر
مأخوذ عن ''نسر صلاح الدين'' باللون الأصفر
الذهبي، ويحدد القانون شعار الجمهورية، وأوسمتها،
وشاراتها، وخاتمها، ونشيدها الوطني.
وإهانة العلم المصري جريمة يعاقب عليها القانون.

제224조

헌법 공포 이전에 규정되었던 모든 법률과 칙령들은 유효하고, 이들의 개정과 폐지는 헌법에서 정한 원칙과 절차에 의하지 아니하고는 허용되지 아니한다.

국가는 이 헌법의 규정들을 집행하기 위한 법률들을 공포해야 한다.

제225조

법률은 공포일로부터 15일 이내에 관보에 게재되고, 특별히 다른 날짜가 지정되지 아니하는 한 공포일 다음날부터 30일 이후에 효력을 갖는다.

법률 조항은 효력 발생일로부터 유효하지만, 이와 충돌하는 법률 조문에 대해서는 의회 재적 의원 3분의 2의 찬성으로 유효하게 된다. 다만 형사 및 조세 조항에는 적용되지 아니한다.

(المادة ٢٢٤)

كل ما قررته القوانين واللوائح من أحكام قبل صدور الدستور، يبقى نافذًا، ولا يجوز تعديلها، ولا إلغاؤها إلا وفقًا للقواعد، والإجراءات المقررة في الدستور. وتلتزم الدولة بإصدار القوانين المنفذة لأحكام هذا الدستور.

(المادة ٢٢٥)

تنشر القوانين في الجريدة الرسمية خلال خمسة عشر يومًا من تاريخ إصدارها، ويُعمل بها بعد ثلاثين يومًا من اليوم التالي لتاريخ نشرها، إلا إذا حددت لذلك ميعادًا آخر.

ولا تسرى أحكام القوانين إلا على ما يقع من تاريخ العمل بها، ومع ذلك يجوز في غير المواد الجنائية والضريبية، النص في القانون على خلاف ذلك، بموافقة أغلبية ثلثي أعضاء مجلس النواب.

제226조

헌법 개정은 대통령의 발의나 의회 의원 5분의 1 이상의 찬성으로 제안된다. 헌법 개정을 제안할 때는 그 조항과 이유를 제시해야 한다.

의회는 제안된 헌법 개정안을 수령한 날로부터 30일 이내에 토의해야 하고, 개정안의 전부 또는 일부를 승인하기 위해서는 재적 의원 과반수 이상의 찬성을 얻어야 한다.

의회에서 헌법 개정안의 승인이 부결된 경우, 같은 회기에서 동일한 조항에 대한 개정을 다시 요청할 수 없다.

의회에서 헌법 개정안 승인이 가결된 경우, 가결된 날로부터 60일 이내에 개정이 요청된 조항의 내용을 토의한다. 가결된 헌법 개정안에 대해 의회 재적 의원 3분의 2의 찬성을 얻은 경우, 찬성 공포일로부터 30일 이내에 국민투표에 회부되고, 투표자 과반수의 찬성을 얻을 때에는 결과가 공포된 날로부터 유효하게 된다.

대통령의 재선 또는 자유 및 평등 원칙과 관련된 조항의 개정은 개정안이 더 많은 보장책을 제공하지 아니하는 한

(المادة ٢٢٦)

لرئيس الجمهورية، أو لخُمس أعضاء مجلس النواب، طلب تعديل مادة، أو أكثر من مواد الدستور، ويجب أن يُذكر في الطلب المواد المطلوب تعديلها، وأسباب التعديل.

وفي جميع الأحوال، يناقش مجلس النواب طلب التعديل خلال ثلاثين يومًا من تاريخ تسلمه، ويصدر المجلس قراره بقبول طلب التعديل كليًا، أو جزئيًا بأغلبية أعضائه.

وإذا رُفض الطلب لا يجوز إعادة طلب تعديل المواد ذاتها قبل حلول دور الانعقاد التالي.

وإذا وافق المجلس على طلب التعديل، يناقش نصوص المواد المطلوب تعديلها بعد ستين يومًا من تاريخ الموافقة، فإذا وافق على التعديل ثلثا عدد أعضاء المجلس، عرض على الشعب لاستفتائه عليه خلال ثلاثين يومًا من تاريخ صدور هذه الموافقة، ويكون التعديل نافذًا من تاريخ إعلان النتيجة، وموافقة أغلبية

허용되지 아니한다.

제227조

헌법의 전문과 본문은 잘 짜인 직물처럼 분리될 수 없는 완전체이며, 각 조항들은 일관된 유기적 단위로써 통합되어 있다.

عدد الأصوات الصحيحة للمشاركين في الاستفتاء. وفي جميع الأحوال، لا يجوز تعديل النصوص المتعلقة بإعادة انتخاب رئيس الجمهورية، أو بمبادئ الحرية، أو المساواة، ما لم يكن التعديل متعلقًا بالمزيد من الضمانات.

(المادة ٢٢٧)

يشكل الدستور بديباجته وجميع نصوصه نسيجًا مترابطًا، وكلًا لا يتجزأ، وتتكامل أحكامه في وحدة عضوية متماسكة.

제2절
과도 규정

제228조

이 헌법 효력 발생일에 존재하고 있는 최고선거위원회와 대통령선거위원회는 첫 번째 의회 선거 및 대통령 선거를 감독해야 한다. 최고선거위원회와 대통령선거위원회의 자산은 국가선거위원회가 구성되는 즉시 국가선거위원회에 귀속된다.

제229조

이 헌법 효력 발생일 이후의 의회 선거는 헌법 제102조 규정에 따라 이루어진다.

제230조

대통령 선거와 의회 선거는 헌법 효력 발생일로부터 30일 이상 90일 이내에 법률이 정하는 바에 따라 실시한다.

الفصل الثاني
الأحكام الانتقالية

(المادة ٢٢٨)

تتولى اللجنة العليا للانتخابات، ولجنة الانتخابات الرئاسية القائمتين في تاريخ العمل بالدستور، الإشراف الكامل على أول انتخابات تشريعية، ورئاسية تالية للعمل به، وتؤول إلى الهيئة الوطنية للانتخابات فور تشكيلها أموال اللجنتين.

(المادة ٢٢٩)

تكون انتخابات مجلس النواب التالية لتاريخ العمل بالدستور وفقًا لأحكام المادة (١٠٢) منه.

(المادة ٢٣٠)

يجري انتخاب رئيس الجمهورية أو مجلس النواب وفقا لما ينظمه القانون على أن تبدأ إجراءات الانتخابات

다음 선거 절차는 헌법 효력 발생일로부터 6개월 이내에 시작되어야 한다.

제231조

이 헌법 효력 발생일 이후의 대통령 임기는 선거의 최종 결과 공포일로부터 시작된다.

제232조

임시 대통령은 당선된 대통령이 선서를 할 때까지 헌법에 명시된 권한을 계속 행사한다.

제233조

일시적인 장애로 인해 임시 대통령이 권한을 행사할 수 없

الأولى منها خلال مدة لا تقل عن ثلاثين يوما ولا تتجاوز التسعين يوما من تاريخ العمل بالدستور.

وفي جميع الأحوال تبدأ الإجراءات الانتخابية التالية خلال مدة لا تتجاوز ست أشهر من تاريخ العمل بالدستور.

(المادة ٢٣١)

تبدأ مدة الرئاسة التالية للعمل بهذا الدستور من تاريخ إعلان النتيجة النهائية للانتخابات.

(المادة ٢٣٢)

يستمر رئيس الجمهورية المؤقت في مباشرة السلطات المقررة لرئيس الجمهورية في الدستور حتى أداء رئيس الجمهورية المنتخب اليمين الدستورية.

(المادة ٢٣٣)

إذا قام مانع مؤقت يحول دون مباشرة رئيس الجمهورية

게 된 경우 총리가 그 권한을 대행한다.

사임, 사망, 항구적 업무 불능이거나 기타 이유로 인해 임시 대통령직이 궐위된 경우 최고헌법재판소 최고 선임 부소장이 그 권한을 대행한다.

제234조

국방부장관은 최고군사위원회의 승인을 받아 임명되며, 이 규정은 헌법 효력 발생일로부터 두 번의 대통령 임기 동안 효력이 있다.

제235조

의회는 그리스도교인의 종교예식 수행을 보장하기 위해 이 헌법 효력 발생일 이후의 첫 번째 회기 내에 교회 건물의 건축과 보수에 관한 법률을 공포해야 한다.

المؤقت لسلطاته، حل محله رئيس مجلس الوزراء.
وعند خلو منصب رئيس الجمهورية المؤقت للاستقالة،
أو الوفاة، أو العجز الدائم عن العمل، أو لأي سبب
آخر، حل محله بالصلاحيات ذاتها أقدم نواب رئيس
المحكمة الدستورية العليا.

(المادة ٢٣٤)

يكون تعيين وزير الدفاع بعد موافقة المجلس الأعلى
للقوات المسلحة، وتسري أحكام هذه المادة لدورتين
رئاسيتين كاملتين اعتبارا من تاريخ العمل بالدستور.

(المادة ٢٣٥)

يصدر مجلس النواب في أول دور انعقاد له بعد العمل
بهذا الدستور قانونًا لتنظيم بناء وترميم الكنائس، بما
يكفل حرية ممارسة المسيحيين لشعائرهم الدينية.

제236조

국가는 싸이드, 시나이, 마뜨루흐, 누바 지역을 포함하는 국경지역 및 취약지역들에 대한 포괄적인 경제 발전 계획을 수립하고 시행해야 한다. 또한 국가는 이 헌법의 효력 발생일로부터 10년 이내에 지역 사회의 문화적·환경적 양식을 고려하여 지역 주민들이 발전 계획에 참여하고 이로부터 우선적인 혜택을 볼 수 있도록 보장해야 한다. 이에 관한 내용은 법률로 정한다.

국가는 누바 거주자들이 그들의 고향으로 돌아가 10년 이내에 그 지역을 발전시킬 수 있도록 계획을 수립하고 시행해야 한다. 이에 관한 내용은 법률로 정한다.

제237조

국가는 국민의 공공권리와 자유를 보장하고, 테러를 국가와 국민을 위협하는 것으로 간주하여 모든 종류의 테러에 맞서 싸우며, 테러의 자금 조달 출처를 추적해야 한다.

이에 대한 규정과 절차 및 테러로 인하여 발생한 손해에

(المادة ٢٣٦)

تكفل الدولة وضع وتنفيذ خطة للتنمية الاقتصادية، والعمرانية الشاملة للمناطق الحدودية والمحرومة، ومنها الصعيد وسيناء ومطروح ومناطق النوبة، وذلك بمشاركة أهلها في مشروعات التنمية وفي أولوية الاستفادة منها، مع مراعاة الأنماط الثقافية والبيئية للمجتمع المحلي، خلال عشر سنوات من تاريخ العمل بهذا الدستور، وذلك على النحو الذي ينظمه القانون.

وتعمل الدولة على وضع وتنفيذ مشروعات تعيد سكان النوبة إلى مناطقهم الأصلية وتنميتها خلال عشر سنوات، وذلك على النحو الذي ينظمه القانون.

(المادة ٢٣٧)

تلتزم الدولة بمواجهة الإرهاب، بكافة صوره وأشكاله، وتعقب مصادر تمويله، وفق برنامج زمني محدد، باعتباره تهديدًا للوطن وللمواطنين، مع ضمان الحقوق والحريات العامة.

대한 공정한 배상에 관한 내용은 법률로 정한다.

제238조

국가는 이 헌법에 명시된 교육, 고등교육, 보건 및 과학 연구를 위하여 헌법 효력 발생일로부터 정부의 지출 예산 최소 비율를 점진적으로 이행해야 한다. 2016-2017년도 회계연도에는 이러한 국가 예산 지출 의무를 완전히 이행해야 한다.

국가는 2016-2017학년도에 제2기 완료시까지 점진적으로 무상 의무교육을 시행해야 한다.

제239조

의회는 판사, 사법기관 및 기구에 대한 법률을 제정, 공포해야 한다. 또한 의회는 사법기관 등을 운영하고 선거를 감독하기 위해 사법기관이 아닌 사법기구나 위원회에게

وينظم القانون أحكام وإجراءات مكافحة الإرهاب والتعويض العادل عن الأضرار الناجمة عنه وبسببه.

(المادة ٢٣٨)

تضمن الدوله تنفيذ التزامها بتخصيص الحد الأدنى لمعدلات الانفاق الحكومي على التعليم، والتعليم العالي، والصحه، والبحث العلمي المقررة في هذا الدستور تدريجيًا اعتبارًا من تاريخ العمل به، على أن تلتزم به كاملًا في موازنة الدولة للسنة المالية ٢٠١٧/٢٠١٦. وتلتزم الدولة بمد التعليم الإلزامي حتى تمام المرحلة الثانوية بطريقة تدريجية تكتمل في العام الدراسي ٢٠١٧/٢٠١٦.

(المادة ٢٣٩)

يصدر مجلس النواب قانونا بتنظيم قواعد ندب القضاة وأعضاء الجهات والهيئات القضائية، بما يضمن إلغاء الندب الكلي والجزئي لغير الجهات القضائية أو اللجان

일부 또는 전부 위임했었던 권한을 취소해야 한다. 이에
관한 내용은 헌법 효력 발생일로부터 5년 동안 효력을 발
생한다.

제240조

국가는, 헌법 효력 발생일로부터 10년 내에 제기된, 형사
법원의 판결에 대한 이의제기와 관련하여 필요한 물적ㆍ
인적 자원을 제공해야 한다. 이에 관한 내용은 법률로 정
한다.

제241조

의회는 헌법 효력 이후 첫 번째 회기에서 진실 공개, 청산,
국민 화해의 기구 제안, 희생자 보상을 위한 법률을 공포
해야 한다. 이에 관한 내용은 국제적 표준에 따른다.

ذات الاختصاص القضائي أو لإدارة شئون العدالة أو الإشراف على الانتخابات، وذلك خلال مدة لا تتجاوز خمس سنوات من تاريخ العمل بهذا الدستور.

(المادة ٢٤٠)

تكفل الدولة توفير الإمكانيات المادية والبشرية المتعلقة باستئناف الأحكام الصادرة في الجنايات، وذلك خلال عشر سنوات من تاريخ العمل بهذا الدستور، وينظم القانون ذلك.

(المادة ٢٤١)

يلتزم مجلس النواب في أول دور انعقاد له بعد نفاذ هذا الدستور بإصدار قانون للعدالة الانتقالية يكفل كشف الحقيقة، والمحاسبة، واقتراح أطر المصالحة الوطنية، وتعويض الضحايا، وذلك وفقًا للمعايير الدولية.

제242조

현행 지방 행정 시스템은 헌법 제180조 규정에 저촉되지 않으며, 이 헌법 효력 발생일로부터 5년 동안 헌법에 명시된 절차가 점진적으로 완성될 때까지 적용된다.

제243조

국가는 이 헌법 승인 이후 첫 번째로 선출된 의회에서 근로자와 농민에게 적절한 대표성을 부여하기 위해 노력해야 하며, 이에 관한 내용은 법률로 정한다.

제244조

국가는 이 헌법 승인 이후 첫 번째로 선출된 의회에서 청소년, 그리스도교인, 장애인에게 적절한 대표성을 부여하기 위해 노력해야 하며, 이에 관한 내용은 법률로 정한다.

(المادة ٢٤٢)

يستمر العمل بنظام الإدارة المحلية القائم إلى أن يتم
تطبيق النظام المنصوص عليه في الدستور بالتدريج
خلال خمس سنوات من تاريخ نفاذه، ودون إخلال
بأحكام المادة (١٨٠) من هذا الدستور.

(المادة ٢٤٣)

تعمل الدولة على تمثيل العمال والفلاحين تمثيلًا ملائمًا
في أول مجلس للنواب يُنتخب بعد إقرار هذا الدستور،
وذلك على النحو الذي يحدده القانون.

(المادة ٢٤٤)

تعمل الدولة على تمثيل الشباب والمسيحيين
والأشخاص ذوي الإعاقة تمثيلًا ملائمًا في أول مجلس
للنواب يُنتخب بعد إقرار هذا الدستور، وذلك على
النحو الذي يحدده القانون.

제245조

이 헌법 효력 발생일에 복무하고 있는 슈라의회[35]의 직원들은 당시 근무하던 동일한 직급과 연공서열을 유지하며 의회 소속이 된다. 위 직원들은 각자 그들에게 부여된 급여, 수당, 보수 및 기타 재정적 권리를 유지한다. 슈라의회의 모든 재원은 의회에 귀속된다.

제246조

2013년 7월 5일에 공포된 헌법 선언, 2013년도 7월 8일에 공포된 헌법 선언, 2012년도에 공포된 헌법에 언급은 되었지만 헌법 효력일로부터 폐지된 것으로 간주되어 문서화되지 않았던 헌법적 조항들은 폐지된다. 그러나 폐지 전의 규정으로 인하여 발생한 결과는 그 효력을 지속한다.

(المادة ٢٤٥)

ينقل العاملون بمجلس الشورى الموجودون بالخدمة في تاريخ العمل بالدستور إلى مجلس النواب، بذات درجاتهم، وأقدمياتهم التي يشغلونها في هذا التاريخ، ويحتفظ لهم بالمرتبات، والبدلات، والمكافآت، وسائر الحقوق المالية المقررة لهم بصفة شخصية، وتؤول إلى مجلس النواب أموال مجلس الشورى كاملة.

(المادة ٢٤٦)

يُلغى الإعلان الدستوري الصادر في الخامس من يوليه سنة ٢٠١٣، والإعلان الدستوري الصادر في الثامن من يوليه سنة ٢٠١٣، وأي نصوص دستورية أو أحكام وردت في الدستور الصادر سنة ٢٠١٢ ولم تتناولها هذه الوثيقة الدستورية تعتبر ملغاة من تاريخ العمل بها، ويبقى نافذًا ما ترتب عليها من آثار.

제247조

이 헌법은 국민투표 참가자들의 유효 투표수 중 다수결의 승인이 공포된 날부터 효력을 발생한다.

(المادة ٢٤٧)

يُعمل بهذه الوثيقة الدستورية من تاريخ إعلان موافقة الشعب عليها في الاستفتاء، وذلك بأغلبية عدد الأصوات الصحيحة للمشاركين فيه.

주석

이집트 아랍 공화국 헌법

1 프랑스 점령(1798-1801) 기간 프랑스 민중혁명의 영향을 받은 이집트 국민들은 맘룩의 무자비한 통치나 이집트의 어려운 사정을 외면한 오스만제국의 통치를 거부하고 자립을 원했다. 이에 아즈하르 출신들을 중심으로 민중봉기를 일으킨 이집트 국민들은 맘룩을 몰아내고 오스만제국의 총독을 축출하고, 당시 알바니아여단의 사령관이었던 무함마드 알리(1805-1848 재위)를 총독으로 선임하였고, 오스만제국 또한 이를 인정하였다. 무함마드 알리는 자신의 권력 기반을 강화하기 위해 현대식 군대를 창설하였으며 과학 기술, 토지 및 농업, 교육 등과 같은 사회 전반에 걸친 개혁을 실시하였고 이로 인해 '근대 이집트의 아버지'라는 칭호를 얻게 되었다. 무함마드 알리 왕조는 1953년 이집트 혁명으로 공화국이 설립될 때까지 지속되었다.

2 아즈하르는 970년경에 설립된 모스크와 972년에 설립된 부속 마드라사로 구성되어 있으며, 현존하는 이슬람세계 최고의 이슬람사원이며 대학교이다. 졸업생들은 이슬람세계의 종교지도자나 재판관, 각지의 이슬람 대학 교수나 아랍어 교사로 활동하고 있다.

3 전체 이름은 리파아 라피으 알따흐따위(1801-1873)이다. 이집트를 근대화시킨 무함마드 알리는 선진 학문을 습득하기 위해 프랑스로 유학단을 파견하였는데, 이때 아즈하르 출신의 리파아를 이맘으로 동행시켰다. 리파아는 5년 동안의 프랑스 유학을 마치고 돌아와 그동안 보고 들었던 것을 『파리를 간추려 금을 뽑아냄』이라는 기행문을 저술하였다. 리파아는 이 책에서 자신이 관찰하고 연구한 파리의 지리, 파리 시민의 성정, 헌법을 비롯한 정치 체제를 위시한 찬란한 유럽의 과학 문명과 유럽인들의 삶과 사회현상 등을 상세히 기술하였다. 리파아는

이집트로 돌아와 카이로에 언어학교를 설립하고, 프랑스어를 비롯한 유럽 언어들을 가르쳤으며, 문학과 샤리아를 교육하였다. 그는 근대화 사상에 대한 『근대 문학을 즐기기 위한 이집트인의 방법론』(1969)를 저술하였으며, 『고대 이집트 역사』(1838)을 번역하기도 하였다.

4 2011년 1월 25일부터 6월 30일까지 계속된 무바라크 대통령 퇴진 및 자유 선거, 민주주의 확립을 위한 반 정부 민중혁명이다. 2010년 12월 튀니지에서 자스민 혁명이 발생하자, 이듬해 이집트의 청년단체들과 야당이 연합한 대규모 전국적 시위가 발생하였다. 2011년 2월 11일 군최고위원회가 무바라크 대통령의 사임을 선언함으로써 약 30년 동안의 독재가 종식되었다.

5 아흐마드 우라비(1841-1911)는 이집트의 장군이며 민족운동 지도자이다. 1881년에 영국과 프랑스의 내정 간섭과 통치자의 무능함에 분노한 이집트인들은 애국당을 결성하고 의회를 장악하였으며 당시 대령이었던 우라비는 국방장관이 되었다. 이러한 사태를 진압하기 위해 1882년에 영국 군대가 개입하게 되면서 전투가 벌어졌지만 우라비 군대가 패배하면서 우라비 혁명은 막을 내렸다. 그러나 우라비가 주도한 민족운동은 이집트 전 국민의 절대적 지지를 받았던 근대적 민족운동으로써, 후일 아랍민족주의의 태동에 밑거름이 되었다.

6 무스따파 카밀(1874-1908)은 변호사, 언론인, 민족운동가이다. 카밀은 프랑스에서 법학을 공부하고 국민당을 조직하였으며, 이집트의 독립과 근대적 헌정 질서 수립을 위한 민족주의 운동에 헌신했다.

7 무함마드 파리드(1868-1919)는 작가, 변호사, 민족지도자이다. 파리드는 민족 지도자인 무스타파 카밀의 지지자였으며, 카밀 사망 후 1912년까지 국민당의 당수를 역임하였다. 파리드는 영국 군대의 철수와 이집트인의 자치권을 주장했으며, 교육과 경제 및 사회 개혁을 주창했다.

8 1919년 이집트를 신탁통치하던 영국에 대한 독립운동이다. 사아드 자글룰(1859-1927)이 조직한 와프드당에 의해 전개되었으며, 이 혁명을 통해 1922년 이집트는 영국으로부터 독립을 달성하였고, 1923년에는 이집트 신헌법이 공포되었다.

9   사아드 자글룰(1859-1927)은 정치가이며 이집트 민족운동 지도자로서 '현대 이
    집트의 아버지'로 불린다. 1918년 이집트의 완전 독립을 요구하기 위해 대표단
    을 결성하였으며, 1922년 이집트 독립 후 1924년에 이집트 최초의 근대 정당인
    와프드당을 창당했다. 이후 총선에서 승리하여 수상에 취임하였다. 와프드당을
    중심으로 내각을 조직한 자글룰은 영국 군대의 즉시 철수, 영국인의 치외법권
    철폐, 수에즈운하 문제들을 놓고 영국과 맞섰다.

10 무스따파 알나하스(1897-1965)는 이집트 정치가로서, 1924년에 통신부장관을
    역임했다. 이후 두 차례의 국회 부의장을 지냈으며, 1927년에는 국회 의장을 역
    임했다. 1928년과 1930년에는 수상을 역임하기도 했다. 1944년에는 아랍연맹
    창설에 기여했다.

11 딸아트 하릅(1867-1941)은 경제학자이며, 이집트인이 소유한 최초의 이집트 은
    행 설립자이다. 또한 하릅의 주도하에 이집트 은행은 모직, 선박, 출판, 영화, 보
    험, 이집트 항공 등과 같은 다양한 분야의 회사를 설립했으며, 근대 이집트의 경
    제 위기를 극복하는데 커다란 기여를 했다.

12 1952년 7월 23일 이집트 자유장교단이 주축이 되어 일으킨 혁명이다. 제2차 세
    계대전 후 영국의 식민지배가 약화되었으며, 이집트 내부에서는 아랍민족주의
    가 빠르게 확산되고 있었다. 또한 1948년 이스라엘과의 전쟁에서 패한 후 왕정
    에 대한 불신과 새로운 체제를 수립하고자 하는 의식이 고취되었다. 이러한 상
    황에서 나세르와 무함마드 나깁을 주축으로 한 자유장교단이 쿠데타를 일으켜,
    파룩1세를 폐위시키고 혁명평의회를 구성하여 이집트 민족해방과 독립을 주창
    하였다. 나세르는 정권 수립 과정에서 식민지 해방, 봉건사회 붕괴, 국가의 자본
    지배 철회, 사회정의 실현, 국가 관리의 군대 창설, 생활의 자유 보장이라는 6가
    지 원칙을 내세웠다.

13 나세르(1918-1970)는 이집트의 군인이며 정치가이다. 1952년 7월 혁명으로 국
    왕인 파룩1세를 추방하고 혁명위원회의 지도자가 되었으며, 1953년 6월에 부총
    리 겸 내무장관으로 정권을 장악하였고, 1954년 총리로 취임하였다. 이후 1956
    년 6월 국민투표에서 대통령으로 선출되었으며, 1958년 2월 시리아와의 합병에

의해 아랍연합공화국의 대통령으로 선출되었으나 1961년 시리아가 이탈하면서 아랍 통일은 실패하였다. 1964년에 3선 대통령이 되었으나, 1970년 9월 심장마비로 사망했다.

14 나세르는 1956년 7월 수에즈운하의 국유화를 선언하고, 이스라엘의 유일한 홍해 진출로인 티란해협을 봉쇄했다. 나세르의 국유화 선언은 영국과 프랑스 양국에 타격이 되었고, 양국은 수에즈운하의 무력 점령을 결정하고 이스라엘의 참가를 유도하였다. 이에 1956년 10월 29일 이스라엘은 공수부대를 앞세워 시나이반도를 횡단한 뒤 수에즈운하로 향했고, 영국과 프랑스는 이집트 공군기지를 폭격했다. 이어 10월 31일 영국과 프랑스가 수에즈운하의 군사 시설물에 폭격을 가하자, 나세르는 선박을 침몰시켜 수에즈운하를 봉쇄했다. 11월 5일 영국과 프랑스의 낙하산 부대가 포트사이드항에 상륙해 수에즈운하를 장악했다. 이에 미국과 소련이 개입하였고, 1958년 7월 제네바 회담에서 이집트, 영국, 프랑스 간에 수에즈운하 협정이 체결되면서 이집트가 수에즈운하의 진정한 주인이 되었다. 이로 인해 나세르는 아랍민족주의의 영웅이 되었으며, 친 나세르 아랍민족주의가 전 아랍 지역을 강타하는 계기가 되었다.

15 안와르 사다트(1918-1981)는 군인이며 정치가이다. 그는 나세르와 함께 자유장교단을 결성하여 1952년 혁명에 참가하였다. 사다트는 1970년 나세르가 사망하자 뒤를 이어 제3대 대통령에 취임하였다. 사다트는 현실주의적인 온건 노선을 취하여 1977년 이스라엘을 방문함으로써 중동평화의 길을 열었다. 이로 인해 1978년 이스라엘 수상 베긴과 함께 노벨평화상을 수상했으며, 1979년 3월 이스라엘과의 평화조약에 조인하였다.

16 샤리아는 마실 수 있는 물의 발원(지로 가는 길), 올바른 길이란 뜻이며, 이슬람에서는 모든 무슬림들이 따라야 할 법, 도덕, 윤리 등을 총칭한다. 구체적으로 샤리아는 7세기에 계시된 코란과 9-10세기 경에 하디스로 집대성된 예언자 무함마드의 순나(말과 행동 및 침묵)를 1차법원으로 하여, 9-12세기에 활발한 활동을 했던 법학파들의 법적 견해까지를 포함하는 법 체계이다.

17 규정들은 회의록에 남겨두었다.

18 이슬람공동체 또는 무슬림공동체라는 뜻이다. 예언자 무함마드가 622년 메카에서 추종자들인 무하지룬들과 함께 메디나(당시 아스립)로 이주(히즈라)하여 이주에 도움을 주었던 메디나 주민들인 안싸르들과 함께 최초의 이슬람공동체 움마를 결성하였다. 한 사람의 칼리파가 하나의 법(샤리아)으로 통치하는 다민족적 단일국가인 움마는 우마이야조(661-750)를 거쳐 압바스조(750-1258)의 전반기인 약 10세기까지는 유지되나, 이후 정치적으로 분열되면서 오늘날까지 진정한 의미의 움마는 실현되지 않고 있다.

19 2018년 이집트 인구는 약 9천 6백만 명이며, 그 중 무슬림은 90%이고, 그 외 그리스도교인, 유대교인 등이 약 10% 정도로 추산된다.

20 종교학의 학자나 권위자로 인정된 사람들로서, 중요한 사원의 이맘, 법관(까디), 대학의 종교학 교수들 및 종교 문제를 결정할 능력이 있는 학식있는 사람들이다.

21 부족의 원로, 조직의 수장, 존경 받는 사람, 이슬람 지식을 의미하며, 아랍 국가들의 국왕 이름 앞에 주로 사용된다. 나이 많은 어른에게도 사용된다.

22 이집트의 학교체제는 6년제의 초등학교, 3년제의 학급 및 상급 중등학교, 고등교육기관으로 되어 있다. 교육체제는 매우 중앙집권적이며, 1단계 기본 교육(초기 단계, 입학 준비 단계), 2단계 고등 교육, 3단계 대학 교육의 3가지 수준으로 구분된다. 학교의 유형은 공립학교와 사립학교의 2가지 유형이 있다.

23 2015년 문해(문자를 읽고 쓸 수 있는 능력)율이 75.8%로 추정되므로, 문맹율은 약 25%에 해당된다. 그외 아랍국가들의 문해율은 요르단 약 96%, 바레인 약 95%, 아랍에미리트 약 92%, 레바논 약 90%, 오만 약 88%, 시리아 약 85%, 튀니지 약 80%, 알제리 약 73%, 수단 약 72%, 모로코 약 68%이다.

24 이집트는 Non-OPEC 국가들 중 아프리카 최대 원유 생산국으로 일 평균 70만 배럴(2014년 기준)을 생산하며, 2.0 Tcf의 천연가스를 생산함으로써 알제리에 이어 아프리카 2위의 천연가스 생산국이다(2013년 기준).

25 수에즈운하는 지중해와 홍해를 잇는 운하로 길이는 약 192 킬로미터이다. 역사상 수에즈운하의 건설 작업은 여러 차례 시도되었으나, 아케메네스왕조 다리우

스1세가 이집트를 정복한 후 완성되었다. 알렉산드로스 대왕 사후 이집트를 지배한 프톨레마이오스왕조, 로마제국의 트라야누스 황제 시대, 이슬람시대 초기에도 운하가 재개통되었지만 침니현상으로 물길이 자주 막혔다. 영국 신탁통치 시기인 1869년 11월 17일에 개통되었으며, 1956년 영국, 프랑스, 이스라엘와 이집트 간에 전쟁이 발발했으나 미국와 소련의 지지로 이집트 정부가 수에즈운하를 국유화하였다.

26 이집트의 그리스도교 신자를 가리키며, 이집트 인구의 약 10%에 달한다. 수단에 약 60만, 리비아에 약 5만 정도의 콥트 정교회인이 분포하고 있으며, 전세계 약 1,000만-1,500만 정도가 있는 것으로 추산되고 있다. 전승에 따르면 콥트정교회는 42년경 알렉산드리아를 방문한 마르코가 세운 것으로 알려지고 있다.

27 이집트에는 자유이집트당, 국가미래당, 신와프드당, 국가수호당, 공화민중당, 의회당, 안누르당, 보수당, 민주평화당, 이집트사회민주당, 이집트민족운동당, 현대이집트당, 자유당, 개혁개발당, 나의조국이집트당 등을 포함하여 100개가 넘는 정당들이 있다.

28 이집트의 병역제도는 징집제이며, 군 복무 및 대체 복무 방식이 있다. 병역 대상 연령은 18-30세이며, 이집트의 현역 규모는 약 45만 명 수준이다. 현역병 복무기간은 12-36개월로 신분에 따라 다르게 적용하고 있는데, 고학력자들일수록 복무기간이 짧은 것이 특징이다. 대졸 이상자는 1년, 고졸자는 2년, 고퇴 이하자는 3년을 복무한다. 병역기피자에 대해서는 사안의 경중에 따라 최고 징역 1년까지 처벌한다. 징집 상한 연령인 30세까지 병역을 이행하지 않는 경우 병역 대신 벌금(600-700 달러)으로 대체할 수 있도록 하고 있다. 이중 국적자 및 독자, 생계곤란자 등에 대해서는 병역을 면제하는 제도를 두고 있으나, 종교적 병역거부자에 대한 병역면제나 대체 복무 제도는 없다. 그러나 콥트교 병역대상자에 대해서는 군에서의 문제 발생 소지를 줄이기 위해 병역에서 제외하는 조치를 취하고 있다.

29 와끄프는 경건한 일이나 공공의 선한 일에 쓰도록 유언이나 증여를 통해 이슬람국가에 영구히 재산을 기증하는 것이다. 이 재산은 아우까프라는 정부 부서

가 관리한다. 와끄프로 기증된 재산은 기증자가 다시 되찾을 수는 없다. 그러나 기증자는 위탁 관리를 할 수 있으며, 그 권리는 장자가 계승한다. 이 제도는 압바스 시대에 정부가 재정 적자를 보충하고자 부유한 사람들의 재산을 몰수하자, 이를 피하고자 시작되었다.

30 일반적인 민사 및 형사 재판의 최종심을 담당하며 파혜원이라고도 하는데, 우리 나라의 대법원에 해당한다. 이집트의 파기원은 450명의 법관들로 구성되어 있다.

31 상소는 미확정된 재판에 대하여 상급법원에 불복을 신청하는 것을 말한다. 상소 의 종류에는 항소, 상고, 항고가 있는데, 항소와 상고는 판결에 대한 불복 신청 이며, 항고는 결정과 명령에 대한 불복 신청이다. 상소제도의 주 목적은 오판을 시정할 기회를 주어 소송당사자의 이익 보호에 충실을 기하고 법령 적용과 해석 의 통일을 기하고자 함이다.

32 파트와는 이슬람 법학자가 어떠한 사안에 대해 표명하는 법적 견해이다. 파트와 는 샤리아의 주요 법원(코란, 하디스)에 근거하여 발행되며, 이슬람 국가들의 샤 리아 채택 여부에 따라 법적 효력을 갖기도 한다.

33 아랍어로는 알까히라라고 발음하며, 승리자라는 뜻이다. 642년 이집트를 점령 한 아므루 이븐 알아스 장군에 의해 고도인 푸스타트가 건설되었으며, 이후 969 년 파띠마조 때 신도시인 카이로가 건설되었고 현재까지 지속되고 있다. 도시권 의 인구는 약 1,700만으로 추산되고 있으며, 이집트뿐만 아니라 아랍연맹의 수 도이다.

34 우리들에게 살라딘으로 알려져 있지만 본래 이름은 쌀라흐 알딘 알아이유비이 다. 십자군전쟁에서 이슬람 군대를 이끌고 예루살렘을 탈환했던 영웅이며, 아이 유브조의 창시자이기도 하다. 독수리는 이슬람의 영웅인 쌀라흐 알딘을 상징한 다.

35 슈라는 '협의'라는 뜻이며, 슈라의회는 상원의회에 해당한다. 2013년 6월 이집 트 헌법재판소는 슈라의회와 새 헌법 초안을 마련한 제헌의회가 무효라는 판결 을 내렸다. 이후 2014년 헌법에서 폐지되었다. 한편 이집트의 슈라의회는 1980

년에 설립되었는데, 당시 의원 수는 264명이었다. 이들 중 176명은 선출되었으며, 88명은 대통령이 임명했다. 임기는 6년이며, 의원의 절반은 3년마다 갱신되었다.

빛나는 인류문명의 요람
이집트 아랍 공화국

1. 개관

국명	이집트 아랍 공화국(The Arab Republic of Egypt)
최고 통치자 (대통령)	압드 알파타흐 사이드 알시시(2014. 6. 8 ~ 2018년 6월 현재)
정부 형태	· 대통령중심제 · 국가원수/행정부 수반: 대통령(4년 중임. 재선 1회 가능) · 현 대통령: 압드 알파타흐 사이드 알시시(2018년 3월 재선) · 대통령이 총리를 임명하고, 정부를 구성 · 대통령이 구성한 정부가 최대 30일 이내에 국회의원 다수의 신임을 얻지 못하면 의회 다수당 또는 연립 여당이 지명한 총리를 임명
의회	· 단원제 의회(임기 5년, 450명 이상으로 구성) - 2018년 현재 596명(선출: 568명, 대통령 지명 28명) - 최근 총선: 2015년 10월 17일부터 12월 2일까지 실시 - 유권자수: 5천 5백만 명, 투표율: 28.3% · 현 의회 의원 분포도 - 무소속 351명 / 정당소속 245명 - 자유이집트당 65석, 국가미래당 53석, 신와프드당 36석 - 여성 87석, 그리스도인 36석
수도	카이로
독립일	1922년 2월 28일(영국으로부터 독립)
면적	· 1,001,450km²(세계 31위, 대한민국의 9.98배, 한반도의 5배)[1] · 전 국토의 95%가 사막
인구	· 인구: 96,873,375명(2018년 5월 13일 이집트정부 통계 기준)[2]
국어	· 공용어: 아랍어
종교	· 국교: 이슬람 · 무슬림 90%(순니파), 그리스도인 10%(그리스도인 90%는 콥트 정교회 신자)[3]

경제	GDP(국민총생산): 3,327억 9천만 달러(2016년) 연 GDP성장률: 4.3% 인플레이션: 6.3% GDP 대비 수출: 10% GDP 대비 수입: 20% GNI(국민총소득): 3,262.6억달러(2016년) 1인당 GNI: 3,410달러(2016년) PPP(구매력평가): 10,505.9억달러(2016년) 1인당 PPP: 10,980달러(2016년)[4]
화폐 단위	이집트 파운드(EGP)
기후	건조성 기후. 여름과 겨울 두 계절만 있는 기후
국경일 / 공휴일	• 이슬람과 공화정 역사 관련 기념일이 혼재 • 2011년 무바라크 독재에 저항한 민주화 항쟁을 기념하여 시위 가 시작한 1월 25일을 혁명일로 지정하여 기념
국기와 국장	 **국기:** 1984년 현재 형태로 공식 지정됨. 황금색 독수리는 십자군 전쟁 영웅 쌀라흐 알딘(살라딘)의 독수리를 상징함. 붉은 색은 반영 국, 반왕정 투쟁을, 흰색은 1952년 왕정 붕괴 무혈혁명, 검은색은 왕정과 제국주의 억압과 종말을 상징한다. **국장:** 1984년 현재 형태로 공식 지정됨. 살라딘의 독수리 가운데 방패 형태의 국기가 있고, 맨 아래에 아랍어로 이집트 아랍 공화국 이라고 적혀있다.
한국-이집 트 수교	1961년 12월 영사관계, 1995년 4월 대사급 외교관계 수립 * 북한-이집트: 1963년 8월 대사대리급 외교관계, 1964년 12월 대 사급 외교관계 수립

2. 이집트, 찬란한 인류문명의 보고(寶庫)

고대 그리스의 역사가 헤로도토스가 '나일강의 선물'이라고 부른 이집트는 메소포타미아와 함께 인류사에서 가장 오래된 문명을 일군 곳으로 찬란한 인류문명의 보물 창고다. 거대한 피라미드와 스핑크스, 미이라, 투탄카멘 황금마스크, 상형문자 등 소중한 고대 문화유산뿐 아니라 7세기 이후 이슬람시대의 모스크, 마드라사, 성채 등 5천년 역사의 흔적들이 현재까지 고스란히 남아 있는 살아있는 박물관이다.

이집트라는 말은 그리스어 아이귑토스에서 유래한다. 아이귑토스는 고대 이집트 도시 멤피스와 관계 있는 신 프타흐(Ptah)의 영혼이 깃든 신전을 의미하는 '흐트-카-프타흐'의 그리스어 음사로 보인다. 아이귑토스를 프랑스어에서 에집트로, 영어에서 이집트로 표기하였다.

이집트를 가리키는 또 다른 말로 콥트가 있다. 콥트는 아이귑토스라는 그리스어가 콥트어에서 쿱티, 쿱타이온으로 쓰였다가 아랍어에서 꿉뜨로 옮겨진 후 라틴어로 콥투스로 전해졌고, 다시 영어로 콥트가 되었다. 그리스어 아이귑토스에서 결국 이집트와 콥트가 파생하였는데, 오늘날 전자는 국명, 후자는 이집트 그리스도교를 가리킨다.

이집트 그리스도교는 우리가 흔히 콥트교라고 부르는 신앙인데, 예수의 신성과 인성을 둘러 싼 초대 그리스도교인들의 논쟁에서 오늘날 주류를 이루는 이른바 양성론 신앙과 달리 단성론을 견지한다. 콥트교는 공식적으로 콥트정교회라고 부르고 중심지는 알렉산드리아다.

아랍어로 이집트는 미스르라고 부른다. 이는 히브리어 미스라임에서 나온 말로 보인다. 미스라임은 노아의 아들인 함의 아들이다. 그가 산 곳인 이집트를 히브리 성서는 미스라임이라고 하였다. 히브리어에서 미스라임은 미스르의 쌍수로 본다. 즉 두 개의 미스르를 뜻하는데, 이는 이집트가 전통적으로 상하로 나뉘어 불렸기 때문이다. 또 다른 어원설명에 따르면 초기 이슬람 시대에 정복지 군영에서 확장 발전해 간 마을을 뜻하는 미스르(복수는 암사르)에서 나왔다고 본다. 따라서 푸스타트와 같은 이집트 정복지에 이러한 말이 붙여졌다가 점차 확대된 것으로 볼 수도 있다.[5]

장구한 오천년 이집트 역사는 크게 고대왕조시대, 그리스·로마시대, 이슬람시대, 근현대기로 나눌 수 있다. 이들 시대별로 중요한 역사적 사실을 간단히 정리하면 다음과 같다.

1) 고대왕조시대

고대 이집트인들은 나일강의 범람을 이용하여 농사를 짓고 도시를 건설하였다. 나일강은 태양과 더불어 생명 그 자체를 뜻하였다. 나일강의 규칙적인 범람을 보면서 자연의 질서를 인식하였고, 안정적인 세계관과 번창한 문화를 영위하였다. 3월에서 6월까지는 건조기, 7월부터 9월은 범람기, 10월부터 2월은 습기였다.

이집트 문화는 비옥한 나일강에 의존한 농업의 발달에 따른 안정된 사회와 문화 속에서 이루어졌다. 이집트인들은 현실의 삶에 자신감을 갖고 적극적으로 임했고, 사후 세계를 낙관적으로 받아들였다. 이들에게 인간의 가장 숭고한 단계는 자연세계의 일부가 되어 영원한 반복에 참여하는 것이었다.

고대이집트인들은 고대메소포타미아 사람들과 달리 죽음 후 부활을 믿었다. 이들은 죽음이 삶의 끝이 아니라, 우주의 또 다른 국면으로 인간을 변화시키는 것이라고 여기며 신들과 함께 사는 새로운 삶을 꿈꾸었다. 고대이집트인들은 신들이 올바른 세계질서인 마아트를 준다고 믿었다. 이는 중국의 도(道)와 같은 것인데, 파라오가 신을 대신해서 마아트를 집행한다고 생각하였다.

고대 이집트의 역사는 기원전 약 300년경의 사제이자 역사가
인 마네톤의 분류에 따라 30왕조로 나뉘는데, 이를 간단히 분류
하면 다음과 같다.

〈표1. 고대왕조〉

왕조/기원전	주요 역사
1 - 2왕조 3100 - 2800	신인(神人) 파라오 기원전 4000년 경, 상하 이집트 왕국으로 양분 하이집트: 풍요 상이집트: 사막화 3000년, 상이집트 왕 메네스가 하이집트를 정복하고 멤피스에 통일왕국 세움. 이집트 문명 발전(상형문자, 태양력)
3 - 6왕조 2800 - 2200	번영과 평화의 시기 피라미드 시기(전성기는 제4왕조) 2800년경 제3왕조 조세르왕이 최초로 피라미드 건설 제4왕조: 피라미드 정점(파라오 절대 권력) 제5왕조: 최고신인 태양신 라 숭배 절정. 파라오는 태양신의 아들. 태양신을 위한 신전 건축
7 - 9왕조 2200 - 2000	제1차 중간시기
10 - 12왕조 2000 - 1750	새로운 평화와 부의 시기. 수단까지 세력확장. 페니키아 교류
13 - 17왕조 1750 - 1550	제2차 중간시기. 셈족인 힉소스족 침입

18왕조 1550 - 1292	제18왕조: 1922년 '왕가의 계곡'에서 '투탄카멘의 황금가면' 등 화려한 유물 발굴 아흐모세 1세가 힉소스족을 축출하고, 팔레스타인, 레바논, 시리아 지배
19왕조 1292 - 1189	세티 1세, 유대인 노예화 람세스 2세때 유대인들이 이집트 탈출
20 - 30왕조 1189 - 기원후 343	343년 30왕조를 페르시아의 하카마네슈(아케메네스) 왕조가 정복 새로운 정복자인 페르시아의 황제 아르데시르 3세는 파라오로 자처 이로써 30왕조가 막을 내리고 31왕조가 들어섰고, 31왕조는 마케도니아의 알렉산드로스에게 기원전 323년 패망

2) 그리스 · 로마시대

　기원전 343년 페르시아의 하카마네슈(아케메네스) 왕조 아르데시르 3세가 이집트를 정복하고 스스로를 파라오로 칭하였다. 페르시아 속주로 전락한 이 당시 이집트를 31왕조로 부른다. 그러나 31왕조를 마케도니아 왕 알렉산드로스가 기원전 332년 정복하였다. 기원전 323년 알렉산드로스가 죽은 후 이집트 총독이 된 프톨레마이오스가 기원전 305년 소테르(구원자)로 자처하면서 왕위에 올라 프톨레마이오스 왕조를 개창하였다. 이를 32왕조라고도 부른다. 프톨레마이오스 왕조는 기원전 30년 클레오파트라가 안토니우스와 연대하여 로마의 옥타비아누스와

싸웠으나 악티움 해전에서 패배하고 자살하면서 역사의 뒤안길로 사라졌다. 로마시대에 콥트교가 이집트의 지배적인 종교로 자리잡았다. 알렉산드리아를 중심으로 한 콥트정교회는 451년 칼케돈 공의회의 양성론 결정을 따르지 않았다. 이들 콥트정교회 신도들은 639년 말 아므르 이븐 알아스가 이끄는 무슬림군이 이집트를 침략할 때부터 이집트 내 그리스도교의 주류를 이루었고, 현재까지 수많은 어려움 속에서도 여전히 자신들의 신앙을 굳게 지키며 이어오고 있다.

3) 이슬람시대

우마르 칼리파의 명을 받은 아므르 이븐 알아스가 무슬림군을 이끌고 동로마 비잔틴제국이 지배하던 이집트를 침략하였다. 641년 알렉산드리아를 점령하면서 이집트를 장악하였다. 비잔틴제국은 고도를 되찾기 위해 이후 645년과 654년 두 차례 탈환을 시도하였으나 모두 물거품이 되었다. 이집트를 점령한 무슬림들은 푸스타트를 수도로 삼았다. 909년 오늘날 튀니지에서 발흥하여 969년 이집트를 정복하고 카이로를 세운 이스마일리 시아파 파티마 칼리파조를 제외하면 이집트는 순니파 무슬림이 계속 다스려왔다. 근대 이전 이집트를 통치한 무슬림 왕조는 다음과 같다.

〈표2. 무슬림왕조〉

연도	왕조	비고
641-661	정통칼리파	우마르 칼리파 재위시 아므르 이븐 알아스가 이집트 정복
661-750	우마이야	까이라완 정복 때까지 북아프리카 공략 기지로 이용
750-935	압바스	9세기 이후 압바스 칼리파의 영향력이 사실상 미미
868-905	뚤룬	튀르크용병 이븐 뚤룬이 세움. 압바스조로부터 독립
935-969	이크시드	튀르크 출신 노예 용병 이븐 투그즈 알이크시드가 수립
969-1171	파티마	시아파(이스마일리). 카이로와 알아즈하르 건립
1171-1250	아이윱	살라딘이 수립
1250-1517	맘룩	노예 용병 왕조
1517-1798	오스만제국	이집트에 총독을 보내 다스렸으나 맘룩 베이가 지방을 장악

4) 근현대

1798년 나폴레옹의 프랑스군대가 알렉산드리아를 정복하였다. 나폴레옹은 이슬람과 오스만제국의 친구라고 자처하면서 오스만제국을 도와 지방을 장악하고 있던 맘룩 베이들을 응징하러 왔다는 명분을 내세웠다. 사실 프랑스의 목적은 이집트를 식민지로 삼고 더 나아가 이미 인도에 세력을 뻗친 영국을 견제하기 위해서였다. 프랑스는 이집트를 장악하였으나 이내 곧 영국과 오스만제국의 반격을 이기지 못하고 1801년 패퇴하였다.

19세기 최대의 토목사업은 수에즈운하 개통이다. 나폴레옹은 홍해와 지중해를 잇는 수에즈운하를 건설하려고 생각하였고, 실제로 타당성 조사까지 실행하였다. 그러나 영국은 이러한 운하를 반대하였다. 영국이 장악하고 있는 인도를 위협하는 요소로 보았기 때문이다. 이집트 통치자 사이드 파샤와 친근한 관계를 유지하고 있던 프랑스인 레셉이 사업권을 얻어 1859년 공사를 시작한지 10년만인 1869년에 수에즈운하가 개통되었다. 자본의 반은 프랑스가 조달하였고, 사이드 파샤도 6천만 프랑을 투자하였다. 사이드 파샤의 조카 이스마일은 서구문물을 받아들여 이집트를 변화시키려 했다. 그러나 재정난을 겪으면서 결국 자신이 소유한 수에즈운하 지분을 영국에 넘겼다.

이집트 내에 민족주의 분위기가 상승하고 외세배격의 움직임이 일자 경고의 표시로 영국은 프랑스와 함께 알렉산드리아에 해군을 보냈다. 알렉산드리아에 폭동이 일어나 유럽인들이 살해당하자, 영국은 프랑스를 설득하여 이집트를 침공하려고 하였으나 프랑스가 동의하지 않자 홀로 전투에 나섰다. 1882년 9월

15일 카이로가 영국 손에 들어갔다. 당시 오스만제국의 속주였던 이집트를 영국이 지배하게 된 것이다. 40여 년에 걸친 영국의 식민 지배를 받은 이집트는 1922년 2월 28일 독립하였다.

독립 이집트의 통치자 푸아드는 술탄 대신 왕(아랍어로 말리크)이라는 칭호를 사용하였다. 그러나 왕정은 서구 열강의 각축전에 휘말리고, 1948년 이스라엘과 벌인 전쟁에서 무기력한 모습을 보이면서 국민의 신뢰를 잃었다. 결국 1952년 7월 22일 나세르 대령이 주도한 무혈 쿠데타가 파라오시대부터 이어온 이집트왕정에 종지부를 찍고 공화정을 열었다. 이후 16년을 통치한 파룩 1세는 민심을 달래기 위해 퇴위하면서 생후 6개월에 불과한 갓난아기 아들에게 왕위를 물려주었다. 1952년 1월 16일생인 새로운 왕 푸아드 2세는 7월 26일에 왕위에 올랐다가 이듬해 6월 18일 폐위당하였다.

〈표3. 근대 왕정〉

	왕	재위 기간
1	푸아드 1세	1922-1936
2	파룩 1세	1936-1952
3	푸아드 2세	1952-1953

새로운 공화정의 지도자 나세르는 1956년 수에즈운하 국유

화를 단행하고, 이에 반발한 영국, 프랑스 이스라엘과 벌인 전쟁에서 수에즈운하를 지켜냈다. 반서구, 아랍민족주의를 내세운 나세르는 영웅으로 떠올랐고, 이집트뿐만 아니라 전 아랍세계를 뒤흔들며 세계정치계의 거물이 되었다.[6] 비록 시리아의 탈퇴로 3년만에 막을 내리긴 했지만 나세르의 아랍민족주의에 따라 1958년 이집트와 시리아가 합병하여 통일아랍국을 이루기도 하였다.

1948년 제1차 중동전쟁에서 이집트의 무력함을 통감하며 왕정을 전복한 나세르였지만 그보다 더 비참한 결과를 1967년 제3차 중동전쟁에서 피할 수 없었다. 이른바 6일전쟁에서 이스라엘의 기습공격에 이집트는 공군 전력이 궤멸되었고, 시나이반도를 빼앗겼다. 말그대로 알나크사, 좌절 그 자체였다.

나세르 사후 사다트 대통령은 1973년 제4차 중동전쟁을 기습공격으로 시작하여 6일전쟁의 참패를 되갚았다. 비록 전체 전황을 보면 이긴 전쟁이라고 하긴 어렵지만 초반 기습으로 거둔 승전의 기억이 강렬하여 전쟁 시작일인 10월 6일을 매년 승전일로 기념하고 있다. 이스라엘과 4번의 전쟁을 치른 이집트는 1979년 이스라엘과 평화조약을 맺고 시나이반도를 돌려받았다. 그러나 1981년 승전일 기념식장에서 단상에 앉아 있던 사다트는 이스라엘과 화친을 이룬 것에 불만을 품은 극단주의 이슬람지하드 단체 소속 군인들이 사열행렬에서 이탈하여 단상에 난입하여 쏜 총에 목숨을 잃었다.

〈표4. 대이스라엘 전쟁〉

순서	기간	비고
1차	1948.5.15 - 1949.3.10.	이스라엘 독립저지 실패. 1949년 2월 24일 정전협정 체결
2차	1956.10.29 - 11.7.	수에즈 국유화 수호. 이집트 대 이스라엘, 영국, 프랑스
3차	1967.6.5 - 10.	이스라엘의 기습공격에 참패. 시나이 반도 빼앗김
4차	1973.10.6 - 25.	기습공격. 수에즈운하 동쪽해안 수복.

사다트에 이어 대권을 쥔 무바라크 또한 1995년 이슬람지하드의 암살 희생자가 될 뻔하였다. 무바라크는 이슬람지하드, 무슬림형제단과 같은 반정부 이슬람주의자들과의 싸움에 전력을 가하였다. 나세르의 군사쿠데타에 가담하여 왕정을 무너뜨렸지만 배신을 당한 무슬림형제단은 공화정 이집트 지도자들에게 늘 눈엣가시와 같은 존재였다. 이슬람주의자들이 정정을 위협하긴 하였지만, 나세르의 공화정 수립 이후 권위주의적인 군부의 비민주적 통치가 정정 불안의 원인이라고 하지 않을 수 없었

다. 권위주의 정권이 집권세력을 건전하게 견제할 수 있는 책임 있는 야당의 존재 자체를 불허하는 현실에서 "이슬람이 해답이 다."라는 구호를 내걸고 서민층을 파고들며 새로운 정권수립을 꿈꾸는 무슬림형제단이 약진한 것은 놀라운 일이 아니었다.

2011년 튀니지에서 불어온 이른바 '아랍의 봄' 바람은 이집트를 거르고 지나가지 않았다. 카이로 타흐리르 광장에서 민심이 폭발하였고, 결국 무바라크 40년 독재가 무너졌다. 그러나 이집트에서 민주화의 봄 꽃은 만개하지 못하였다. 오랜 권위주의 정권의 탄압을 받던 무슬림형제단은 2012년 대선에서 자신의 기반인 자유정의당 대통령 후보로 무르시를 내세웠고, 결국 2차 결선투표에서 무르시가 당선이 되었다. 무르시는 반대에도 불구하고 이슬람적 요소를 이집트 헌정에 도입하려고 시도하였다. 이제 막 민주주의 실험을 시작한 상황에서 무슬림형제단의 선부른 친이슬람 정책은 이슬람을 신앙을 넘어 정치적 도구로 활용하는 것에 반대하는 여론의 저항에 직면하였다. 2013년 6월 30일 대규모 반정부 시위가 발생하였고, 다음날 국방장관 알시시가 이끈 군이 개입하여 무르시 정권을 무너뜨리고 새로운 정치일정을 발표하였다. 과도임시 정부를 거쳐 2014년 6월 8일 알시시 국방장관이 국민의 선택을 받아 4년 임기의 새로운 대통령으로 취임하였고, 2018년 3월 재선에 성공하였다.

〈표5. 역대 대통령〉

		생몰	재직	비고
1	나기브	1901-1984	1953-1954	군사쿠데타
	자말 압드 알나씨르(나세르)	1918-1970	1954-1956	혁명위원장
2	자말 압드 알나씨르(나세르)	1918-1970	1956-1970	1970년 재직 중 사망
3	사다트	1918-1981	1970-1981	1981년 재직 중 암살
	수피 아부 딸레브	1925-2008	1981-1981	대행
4	호스니 무바라크	1928-	1981-2011	민주화 요구로 사퇴
	무함마드 딴따위	1935-	2011-2012	군최고위원회 의장
5	무함마드 무르시	1951-	2012-2013	군사쿠데타로 사퇴
	아들리 만수르	1945-	2013-2014	임시 대통령직 수행
6	압드 알파타흐 사이드 알시시	1954-	2014-현재	2018년 재선

3. 이집트 헌법

현 이집트 헌법은 무바라크 30년 독재에 마침표를 찍은 2011
년 민주화 운동 이후 발생한 정정 혼란을 종식하고 2014년 1월
14-15일 양일간에 걸쳐 거행된 국민투표에서 결정된 것이다.
2011년 2월 11일 무바라크 대통령이 사임한 후 군최고위원회는
임시헌법을 선포하였고, 이에 따라 2011년 총선과 2012년 대선

을 치렀다. 새로운 의회는 헌법제정위원회를 구성하였고, 위원회가 작성한 새로운 헌법을 2012년 11월 30일 의회가 승인하였으며, 이를 2012년 12월 15일부터 22일까지 7일간 국민투표에 부쳐 투표율 33퍼센트, 찬성 64퍼센트로 통과되었다. 이를 새로운 대통령 무르시가 12월 26일에 공식적으로 선포하였다.

그러나 2013년 7월 무르시가 군사쿠데타로 물러난 후 2012년 헌법 개정작업에 착수하여, 2014년 1월 국민투표에서 투표율 38.6퍼센트, 찬성 98.1퍼센트로 통과되어 현행 헌법으로 효력을 발휘하고 있다. 전문과 6장 247조로 이루어진 이집트 헌법은 3장(권리, 자유, 공적 의무)과 5장(통치 시스템)이 가장 길다. 전자는 43조, 후자는 121조로 각각 이루어져있다.

무르시 대통령이 공포한 2012년 헌법은 이집트를 이슬람 국가로 이끌어갈 가능성이 크다는 논란이 인 조항들을 포함하고 있었는데 2014년 새로운 헌법은 서문에서 "우리는 지금 현대 민주 국가와 시민 정부 건설을 완성하는 헌법을 쓰고 있다."고 밝힌 대로 종교인이나 군인이 국가를 운영하는 것을 명백히 반대하고 있다. 아울러 새로운 헌법은 2012년 헌법에 비하여 시민의 자유와 권리를 더욱 확대하고, 사법부와 군에 이전보다 더 독자적인 권한을 부여할 뿐 아니라 최소 과반수 의원이 동의하고 3

분의 2가 찬성하면, 의회가 "대통령을 불신임하고 조기 대통령 선거를 제안할 수 있다."고 규정한다(제161조).[7]

헌법에 따르면 국교는 이슬람이나 신앙의 자유를 절대적으로 보장하고 소수 종교인과 남녀평등을 보장한다. 국민은 누구나 정당을 결성할 자유를 누리지만, "종교를 토대로 한 정당 설립, 성이나 출생 또는 종파나 지리적 위치에 따른 차별, 민주주의 원칙에 적대적이거나 비밀스런 활동 행위, 군사적이거나 준군사적인 성격과 관련된 정치적 행위는 허용되지 않는다."고 하면서 법원의 판결 없이 정당 해산이 불가능하다고 헌법 74조는 규정하고 있다. 사법부는 독립적인 예산을 갖는다. 군의 최고위원회는 계속 존치하고 국방장관은 군 장교에서 임명하며, 군 예산 심의에서 의회의 역할이 축소되는 등 새 헌법에서 군은 여전히 기득권을 유지하고 있다. 또 민간인을 군사법정에서 심판하는 것이 여전히 가능하다.

4. 이집트의 종교와 문화

이집트는 압도적인 다수가 순니파 무슬림이다. 그러나 무슬림보다 더 오랫동안 이집트에서 거주해 온 그리스도인의 수도 중동 내에서 가장 많은 곳이기도 하다. 전 인구 대비 순니 무슬림이 90퍼센트, 그리스도인이 10퍼센트인 것으로 추정된다.

이집트의 이슬람은 오늘날 순니 이슬람이지만, 969년부터 1171년까지는 이스마일리 시아파인 파티마조가 지배하였다. 이들은 오늘날 이집트의 수도 카이로와 함께 이집트인들이 순니 최고의 교육기관으로 자랑하는 알아즈하르를 세웠다. 파티마조를 무너뜨린 순니파 무슬림 왕조 아이윱조와 이를 이은 맘룩조 당시 이집트는 샤피이 법학파를 후원하였으나 1517년 이집트의 새로운 주인이 된 오스만제국은 샤피이 법학파 대신 하나피 법학파를 지원하였다. 그 결과 오늘날 이집트의 이슬람법 해석은 하나피 법학파가 주류를 이룬다.

이집트 인구의 약 10퍼센트를 차지하는 그리스도인의 90퍼센트는 콥트정교회 소속이고, 나머지 10퍼센트는 아르메니아교회, 가톨릭교회, 정교회, 개신교에 속한 것으로 보인다. 이집트의 콥트정교는 그리스도교 역사에서도 유서 깊은 교회로, 알렉산드리아를 중심지로 삼고 있다. 451년 칼케돈 공의회의 양성론 결정을 거부하여 다른 길을 걸어왔다. 전례어로 콥트어를 사용하고, 이집트 내 신자 수는 약 1,500만 명에 달한다. 콥트신자들 중에서 로마가톨릭교회와 일치를 이룬 사람들의 교회를 콥

〈그림 1. 콥트 십자가〉

트가톨릭교회라고 한다. 콥트인 중에서 세계적으로 가장 유명한 이집트인으로는 6대 유엔사무총장을 지낸 부트로스 부트로스 갈리를 들 수 있다.

　이집트는 이처럼 이슬람과 그리스도교라는 두 거대한 종교가 공존하는 곳이다. 헌법 전문은 이곳 이집트에서 이집트인들이 동정녀 마리아와 예수를 품에 안았고, 수천 명의 그리스도교 순교자가 나왔으며, 후대에는 이슬람에 마음과 이성을 열어 "세계인들에게 진리와 종교의 사명을 보급했다."고 강조하면서 이집트를 "종교의 요람이고, 계시종교들의 영광의 깃발"로 자랑스럽게 묘사한다.

5. 이집트 경제

이집트는 사다트 대통령 이래 개방 경제를 추구해왔지만, 불안한 정치 상황 때문에 안정적인 경제환경을 유지하는데 실패하였는데, 전문가들은 이러한 경제 불안을 2011년 무바라크 정권을 붕괴시킨 민주화 혁명 발발의 중요한 동인으로 평가하고 있다. 현재 국민의 27.8퍼센트가 빈곤층이고, 실업률은 12퍼센트, 인플레이션은 2017년 기준으로 23.5퍼센트에 달한다. 사회주의 경제에서 신자유주의 경제로 이행하는 과정에서 이집트의 경제 불안은 외부의 도움 없이는 안착이 어려운 상태다. 전통적으로 이집트 최대 원조국은 미국이다. 그러나 미국은 이스라엘과 달리 이집트에게는 원조금 사용처를 세세히 요구하면서 통제를 가해왔기에 이집트는 불만을 표해왔다. 미국의 대 이집트 원조액은 연 15억 달러에 달한다.

아랍석유수출기구(OAPEC) 회원인 이집트는 산유국으로 원유와 석유제품과 함께 농산물, 화학제품이 주력 수출품이고, 기계, 설비장비, 식품 등을 수입한다. 주 수출 대상국은 아랍에미리트, 사우디아라비아, 터키, 영국, 미국 등이고, 주 수입국은 중국, 독일, 미국, 이탈리아, 터키, 사우디아라비아다.

<表 6. 주요경제지표>

출처: The World Bank, "Country Profile: Egypt."

	1990년	2000년	2010년	2016년
국민총생산(미달러)	43.13억	99.84억	218.89억	332.79억
국민총생산연성장률	5.7%	5.4%	5.1%	4.3%
연 인플레이션률	18.4%	4.9%	10.1%	6.3%
국민총생산대비 농업비율	19%	17%	14%	12%
국민총생산대비 공업비율	29%	33%	38%	33%
국민총생산대비 서비스산업비율	52%	50%	48%	55%
국민총생산대비 수출비율	20%	16%	21%	10%
국민총생산대비 수입비율	33%	23%	27%	20%
국민총생산대비 총자본형성률	29%	20%	20%	15%
국민총생산대비 세입비율(원조제외)	23.0%	24.3%	24.8%	21.0%
국민총생산대비 순저축	-2.0%	-6.7%	-7.7%	-10.7%

<표 7. 원유와 천연가스>

출처: OPEC Annual Statistical Bulletin 2017

	2014년	2015년	2016년
원유확인매장량	44억	44억	44억
원유일일생산량(배럴)	57만 3,900	57만 9,400	54만 4,400
천연가스생산량(입방미터)	487억 9,030만	443억 2,780만	421억 220만
천연가스수출량(입방미터)	51억 4,760억	25억 7,380만	27억 7,380억
천연가스국내수요(입방미터)	48억 800만	47억 4,340만	51억 820만
천연가스확인매장량(입방미터)	2조 1,850억	2조 860억	2조 860억

6. 한국-이집트 관계

우리나라와 이집트는 1961년 12월 영사관계를 수립한지 34년만인 1995년 4월 대사급 외교관계로 격상하였다. 이는 이집트가 1963년 북한과 대사대리급 외교관계, 1964년 12월 대사급 외교관계를 맺은 이래 1973년 제4차 이집트-이스라엘 전쟁에서 북한의 도움을 받으면서 우리나라와 관계를 증진하는 것을 주저하였기 때문이다. 그러나 현재 한-이집트 관계는 외교관계 수립 이래 최상의 협력관계를 이루고 있다.

양국 교역 규모는 2012년부터 2016년까지 5년간 평균 25억 달러에 달하고 있는데, 우리 수출액이 수입액보다 압도적으로 높아 5년간 평균 14억 달러의 무역흑자를 기록하고 있다. 2016년의 경우 흑자액은 17.1억 달러다. 우리는 이집트에 주로 공산품을 수출하고, 이집트로부터는 기초원자재를 수입하고 있다. 인적·문화적 교류도 활발하여 2014년 중동·아랍권 최초로 한국문화원을 카이로에 설립하였고, 2016년의 경우 이집트인 8,406명이 우리나라를, 우리 국민 11,475명이 이집트를 각각 방문하였다.

현재 이집트에는 1,000여 명의 우리 교민이 거주하고 있다.

2003년 3월 노무현 대통령이 우리나라 대통령으로는 최초로 이집트를 방문하였고, 이집트 대통령으로는 알시시 현 대통령이 국빈 자격으로 우리나라를 처음 방문하였다. 현 주이집트 우리 대사는 2018년 2월에 부임한 윤여철 대사인데, 역대 23번째 대사로 재직 중이다.[8]

주석

빛나는 인류문명의 요람 이집트 아랍 공화국

1 이집트 면적과 세계순위는 CIA의 The Worldfact Book 참조(https://www.cia.gov/library/publications/the-world-factbook/geos/eg.html)(검색: 2018년 5월 1일). 대한민국 면적(100,339.5km²)은 2016년 국토교통부 통계자료(http://www.molit.go.kr/portal.do)(검색: 2018년 5월 2일).

2 이집트정부 통계청, http://www.capmas.gov.eg/HomePage.aspx?lang=2(검색: 2018년 5월 13일).

3 United States Department of State, "Egypt 2016 International Religious Freedom Report," *International Religious Freedom Report for 2016.*

4 경제지표는 모두 월드뱅크 자료임. The World Bank, "Country Profile: Egypt," World Development Indicators Database. http://databank.worldbank.org/data/views/reports/reportwidget.aspx?Report_Name=CountryProfile&Id=b450fd57&tbar=y&dd=y&inf=n&zm=n&country=EGY(검색: 2018년 5월 1일)

5 Wensinck, "Misr," *Encyclopaedia of Islam*, second ed., v. 7, p. 146.

6 Jankowski, "Misr," *Encyclopaedia of Islam*, second ed., v. 12, p. 626.

7 Mariam Rizk and Osman El Sharnoubi, "Egypt's Constitution 2013 vs. 2012: A Comparison," *Ahram Online*, December 12, 2013. http://english.ahram.org.eg/NewsContent/1/0/88644/Egypt/0/Egypts-constitution--vs-A-comparison.aspx(검색: 2018년 5월 1일).

8 주이집트대한민국대사관, http://overseas.mofga.o.kr/eg-ko/index.do(검색: 2018년 5월 2일).

참고문헌

국토교통부 통계자료. http://www.molit.go.kr/portal.do(검색: 2018년 5월 2일).

이집트정부 통계청. http://www.capmas.gov.eg/HomePage.aspx?lang=2(검색: 2018년 5월 13일).

주이집트대한민국대사관. http://overseas.mofga. o.kr/eg-ko/index.do(검색: 2018년 5월 2일).

Arnaud, J.-L. 외. "Misr." *Encyclopaedia of Islam*. Second Ed. Vol. 12, pp. 621-627.

Central Intelligence Agency. "Egypt." The World Factbook. https://www.cia.gov/library/publications/the-world-factbook/geos/eg.html(검색: 2018년 5월 1일).

Organization of the Petroleum Exporting Countries (OPEC). *OPEC Annual Statistical Bulletin 2017*. OPEC: Vienna, 2017.

Rizk, Mariam and Osman El Sharnoubi. "Egypt's Constitution 2013 vs. 2012: A Comparison." *Ahram Online*. December 12, 2013. http://english.ahram.org.eg/NewsContent/1/0/88644/Egypt/0/Egypts-constitution--vs--A-comparison.aspx(검색: 2018년 5월 1일).

United States Department of State. "Egypt 2016 International Religious Freedom Report." *International Religious Freedom Report for 2016*.

Wensinck, A. J. 외. "Misr." *Encyclopaedia of Islam*. Second Ed. Vol. 7, pp. 146-186.

The World Bank. "Country Profile: Egypt." World Development Indicators Database. http://databank.worldbank.org/data/views/reports/reportwidget.aspx?Report_Name=CountryProfile&Id=b450fd57&tbar=y&dd=y&inf=n&zm=n&country=EGY(검색: 2018년 5월 1일).

찾아보기

명지대학교 중동문제연구소 중동국가헌법번역HK총서11

이집트 아랍 공화국 헌법

등록 1994.7.1 제1-1071
발행 2018년 6월 30일

기 획   명지대학교 중동문제연구소(www.imea.or.kr)
옮긴이   김종도 정상률 임병필 박현도
감 수   김현종 남혜진
펴낸이   박길수
편집인   소경희
편 집   조영준
관 리   위현정
디자인   이주향
펴낸곳   도서출판 모시는사람들
         03147 서울시 종로구 삼일대로 457(경운동 수운회관) 1207호
전 화   02-735-7173, 02-737-7173 / 팩스 02-730-7173
홈페이지   http://www.mosinsaram.com/

인쇄   천일문화사(031-955-8100)
배본   문화유통북스(031-937-6100)

값은 뒤표지에 있습니다.
ISBN 979-11-88765-19-5   94360
SET   978-89-97472-43-7   94360

이 도서의 국립중앙도서관 출판예정도서목록(CIP)은 서지정보유통지원시스템
홈페이지(http://seoji.nl.go.kr)와 국가자료공동목록시스템(http://www.nl.go.kr/
kolisnet)에서 이용하실 수 있습니다. (CIP제어번호 : CIP2018017584)

이 역서는 2010년 정부(교육과학기술부)의 재원으로 한국연구재단의 지원을 받아 수행된 연

구임(NRF-2010-362-A00004)